JKに語る！／新約聖書の女性たち

久野 牧

HISANO Nozomu

一麦出版社

Soli Deo Gloria

目　次

I

いやされた女性たち

主イエスにいやされた12歳の少女

── 娘を救いへと導く父の愛

マルコによる福音書 5 章 21―24 節，35―43 節

　　イエスが舟に乗って再び向こう岸に渡られると，大勢の群衆が
そばに集まって来た．イエスは湖のほとりにおられた．会堂長の
一人でヤイロという名の人が来て，イエスを見ると足もとにひれ
伏して，しきりに願った．「わたしの幼い娘が死にそうです．ど
うか，おいでになって手を置いてやってください．そうすれば，
娘は助かり，生きるでしょう．」そこで，イエスはヤイロと一緒
に出かけて行かれた．
　　大勢の群衆も，イエスに従い，押し迫って来た．
　　イエスがまだ話しておられるときに，会堂長の家から人々が来
て言った．「お嬢さんは亡くなりました．もう，先生を煩わすに
は及ばないでしょう．」イエスはその話をそばで聞いて，「恐れる
ことはない．ただ信じなさい」と会堂長に言われた．そして，ペ
トロ，ヤコブ，またヤコブの兄弟ヨハネのほかは，だれもついて
来ることをお許しにならなかった．一行は会堂長の家に着いた．
イエスは人々が大声で泣きわめいて騒いでいるのを見て，家の中
に入り，人々に言われた．「なぜ，泣き騒ぐのか．子供は死んだ
のではない．眠っているのだ．」人々はイエスをあざ笑った．し
かし，イエスは皆を外に出し，子供の両親と三人の弟子だけを連
れて，子供のいる所へ入って行かれた．そして，子供の手を取って，
「タリタ，クム」と言われた．これは，「少女よ，わたしはあなた
に言う．起きなさい」という意味である．少女はすぐに起き上がっ

て，歩きだした．もう十二歳になっていたからである．それを見
るや，人々は驚きのあまり我を忘れた．イエスはこのことをだれ
にも知らせないようにと厳しく命じ，また，食べ物を少女に与え
るようにと言われた．

　本日から二か月，遺愛学院生が多く出席される礼拝において，
「新約聖書の女性」を一人ずつ取り上げて説教の主題とし，ご一
緒に福音（主イエスからのメッセージ）を聞き取りたいと思います．
中学生・高校生にも，聖書に登場する女性を身近に感じてほしい
と願っています．
　きょうの聖書テキストにおいて，主イエスに向かって「わたし
の幼い娘が死にそうです」と叫んだのは，会堂長ヤイロという人
物でした．会堂長というのは，当時のユダヤ教の礼拝堂の責任者
であって，建物の管理の責任を負っているだけではなく，そこで
おこなわれる礼拝の指導者でもありました．ユダヤの社会におい
て，人々からの信頼を受ける立場にあった人です．このヤイロは，
自分の礼拝堂や他の場所で主イエスの神の国の教えに耳を傾ける
機会があって，それによって秘かに主イエスへの信頼とか敬意を
抱くようになっていたのでしょう．彼は自分の娘の死に向かう危
機に直面した時に，真っ先に主イエスを思い出し，主に助けを求
める行為に出たのです．
　この行為はヤイロにとってある種の冒険でもありました．なぜ
なら，この頃，主イエスへの敵
対者が増えて，主に対して殺意
を抱く人たちさえ現れていた中
で，ユダヤ教の礼拝堂長がイエ
スの足もとにひれ伏すなどとい
うことは，許せないと考える人

主ってなに？

「主」とはほとんどの場合、
主イエス・キリストのことだよ

もいたに違いないからです．なので，主イエスが攻撃されたように，ヤイロも攻撃される危険性がありました．そういう状況の中での彼の行為は，大きな冒険でもあったのです．しかし，彼は今，娘への愛，そして主イエスへの信頼によって突き動かされて行動しています．ヤイロは主イエスの足もとにひれ伏して次のように願っています．〈わたしの幼い娘が死にそうです．どうか，おいでになって手を置いてやってください．そうすれば，娘は助かり，生きるでしょう〉（23節）．娘を思うゆえに，いわばなりふりかまわず主の前にひれ伏すヤイロの姿の中に，事柄の深刻さと父親の娘への愛を見ることができるでしょう．このような父親をもつ娘は幸せです．

　ところで，人は大きな苦悩や悲しみや危機の中で，どのようにふるまうでしょうか．信仰をもっている人のことも含めて考えてみると，大きく二つのパターンがあると言ってよいかもしれません．

　一つは，大きな危機などに直面して，「神などいない」「神などもう信じたくない」というように，神を否定したり，排除してしまう道です．苦悩と混乱の中で，神を自分の生の視野からはじき出してしまうのです．

　他方，危機に直面して，神に対する信頼と希望をより強くする道を歩む人，また神を求めはじめる人もいます．人間の無力の認識や，人間の可能性に対する絶望のなかで，神をも無力としてしまうのではなくて，逆に，いっそう強く神なるものを求め，神を信頼し，神に近づくのです．

　このように，人間を襲う危機は神排除の時ともなるし，また逆に，神への接近の時ともなりえるのです．みなさんはどうでしょうか．

　ヤイロは，それまで彼なりの神理解や神信仰をもっていたはず

ですが，今，娘が死ぬかもしれないという危機に直面して，新し
い神の像をさし示す主イエスに近づき，自分のすべてを委ねよう
としています．彼を襲った危機は，彼を神へと近づけています．

　それに対して主イエスはどうなさったでしょうか．主は，ヤイ
ロの訴えの真剣さや真実さを受けとめてくださり，すぐにヤイロ
と共に彼の家に向かって進んで行かれます．ここには主の言葉は
記されていませんが，主はヤイロの訴えを聞いて，「よし，行こう！」
と歩き出してくださっています．ヤイロと共に歩まれる主イエス
の姿は，悲しみや苦しみや病を背負った人と共に歩かれる姿です．
主は今も同じように歩いてくださいます．

　主イエスがヤイロの家に向かわれる途中で，その道をさえぎる
一つの事件が起こりました．それは 24 節後半から 34 節に記さ
れている出来事ですが，群衆にまぎれ込んだ一人の女性，12 年
間も出血の止まらない病に冒されていた女性と，主イエスとの出
会いの物語です．この出来事については，次週の礼拝でご一緒に
考えることにいたします．

　ヤイロの家に向かう途中で起こったこの事態は，主イエスがヤ
イロの家へ行くのを遅らせることにつながりました．ヤイロは，
このことで時間が取られることに焦りを覚えたかもしれません．
さらに，それ以上にヤイロの気持ちをしぼませてしまうようなこ
とが続いて生じました．それは，家から人々がやって来て，彼に
娘の死を告げたことです．〈お嬢さんは亡くなりました．もう，
先生を煩わすには及ばないでしょう〉（35 節）．「娘は死んだ，死
んだものを人はどうすることもできないはずだ．だから主イエス
に来てもらう必要はなくなった」と，家からつかわされた人々は
言っているのです．彼らは事実を告げるだけではなく，自分たち
の判断まで告げています．これは常識的であり，合理的な考え方
です．さらにこれは，主イエスに対する心遣いによるものではな

く，主イエスを迎え入れないで済ませたいという人々の心の表れ
かもしれません．

　娘の死の知らせは，主イエスにとっては，ヤイロの家に行くの
に何の妨げにもなりませんが，一方ヤイロにとってはそれは大き
な妨げであり，主イエスに来ていただくか，それを取りやめにす
るかの新たな決断をせまられる事態となっています．ヤイロは今，
岐路に立たされています．人々の声はヤイロにとっては誘惑者の
声となって響いています．「主イエスに頼るのはやめろ，もはや
無駄だ」と．一方彼の心の中の叫びは，「このような時こそ，主
イエスに頼れ」というものでした．ヤイロはその二つの声に対処
しなければなりません．

　わたしたちにおいても，同じような状況が生じることがありま
す．「主イエス・キリストを信じるなんて，もういい加減にやめ
たらどうですか」「むだなことです」と，主イエスから離れるよ
うに誘いかける声が響いてくることがあります．それに心を動か
されることもあるわたしたちです．また他方では，「もっと主イ
エスに近づきなさい」という声がどこかから響いてくることもあ
るでしょう．そうした中で揺れ動くわたしたちに決断を促してく
ださるのは，主ご自身です．

　主イエスは，ヤイロの家から来た人々の話をそばで聞いておら
れました．そしてヤイロに言われました．〈恐れることはない．
ただ信じなさい〉（36節）．事柄を判断されるのは主なのです．そ
の主が「恐れることはない」と言ってくださっています．また，
ヤイロが主のもとにやってきたときの最初の確信と主イエスへの
信頼をもち続けよと言ってくださっています．その主の声に励ま
されて，ヤイロは主イエスと共に自分の家に向かって行きます．
「イエスに来てもらうには及ばない」という人間の声よりも，「恐
れることはない」という主の声にヤイロは従いました．

　主イエスとヤイロの一行が家に着くと，そこにはヤイロの娘の死を嘆く人々の泣き騒ぐ声が響いていました．そういうなかで，主は迷うことなく家の中に入って行かれました．そして言われました，〈子供は死んだのではない．眠っているのだ〉（39 節）．ここで主はどういう意味で「眠っている」と言われたのでしょうか．「死」を婉曲的に「眠り」と言い表すことがありますが，そのような意味合いなのでしょうか．おそらくそうではなくて，主は，死の状態にある者を命へと起こすことができる，そういった意味で，主にとっては，死は眠りに等しいものということを人々に教えるために，この言葉を用いられたのでしょう．事実，主イエスは，少女の手をとって〈タリタ，クム〉「少女よ，起きなさい」と呼びかけておられます．まるで眠っている人を起こすかのように声をかけておられます．すると少女は，主の声によって目が覚まされたかのように起き上がり，歩き出したのです．少女は生き返りました．驚くべきことが起こりました．

　これは，主イエス・キリストが死をさえ打ち破ることのできる力をもったお方，命の主であることを明らかに示すものとなりましたし，また，やがて起こる主イエスご自身の死からのよみがえりを，あらかじめ示すものでもありました．さらには，これはわたしたちにも起こる死のあとのよみがえりをも示唆しているものです．イエスさまを信じる人には，死のあとのよみがえりが約束されています．信仰的に極めて重要な示唆と約束とが，一人の少女をめぐる事柄をとおして与えられました．この主イエスの力を引き出したのは，父ヤイロの主イエスへの信仰と娘への愛です．

　死からよみがえられた復活の主イエスは，今も，わたしたちに対して，〈タリタ，クム〉「起きなさい」と声を投げかけてくださるお方です．わたしたちの愛する者が死んだ時，実際はその場で目に見える形では何も起こらないかもしれません．またわたした

ち自身が死んだ時にも，すぐにこの少女のような劇的な変化は起こらないでしょう．しかし，主は，主にすべてを委ねて生きた者たちの死をそのままでは終わらせず，それを新しい命へと造り変えてくださいます．その約束が，この出来事をとおして明らかにされました．それを信じる者となるようにと，わたしたちは招かれています．終わりのとき，主の〈タリタ，クム〉の声が，主にあって死んだ人たちにも投げかけられることを信じることができる人は幸いです．あなたもその信仰へと招かれています．

　それと同時に，死者を命へと引き起こされる主は，今，わたしたちが日常生活の中でいろんなことにつまずき，倒れることがあっても，その時にも〈タリタ，クム〉「起きなさい」と手を差し伸べてくださるお方です．自分の力でどうすることもできないとき——それは自分自身のことに関しても，他者のことに関しても同じですが——，会堂長ヤイロのように，主イエスに向かって手を差し出し，「助けてください」とお願いするなら，主ご自身が，それぞれの所に行って必要な助けを与えてくださるでしょう．

　こんにち，幼い命や若い命が悲惨な形で断たれる事件が，ひんぱんに起こっています．追い詰められた若い人は，どこに助けを求めたらよいのかわからない混迷の中にあります．幼い者は自分の力で自分自身を助けることはできません．そのとき，それらの幼い命，若い魂のために助けを求めることができるのは，周囲の人，周囲の大人です．助けを必要としている幼い命の悲痛な叫びを聞きとって，主に向かって，「主よ，み手を伸ばしてください」と祈ることは，復活の主の力を知り，信じている者たちの大切な務めです．この少女に起こった出来事は，教会と信仰者の務めが何であるかを改めて認識させるものです．他の人のために主に助

けを求めること，それはわたしたちにもできることです．今，助け
を求める叫びがあなたの耳に響いていませんか．

　　命の主であられる神さま，地上のいたるところで，助けを求め
る叫び声が響いています．その声に御耳（おんみみ）を傾けてください．
　　また，主を信じる者たちが，そのような叫びを聞き取ってあな
たのもとに届けるために，具体的な行動をし，祈りをささげるも
のとさせてください．
　　主よ，倒れている者に，「タリタ，クム」とお声をかけてください．

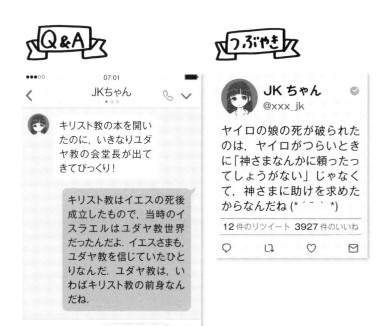

Q&A

キリスト教の本を開い
たのに，いきなりユダ
ヤ教の会堂長が出て
きてびっくり！

キリスト教はイエスの死後
成立したもので，当時のイ
スラエルはユダヤ教世界
だったんだよ．イエスさまも，
ユダヤ教を信じていたひと
りなんだ．ユダヤ教は，い
わばキリスト教の前身なん
だね．

つぶやき

JK ちゃん ✓
@xxx_jk

ヤイロの娘の死が破られた
のは，ヤイロがつらいとき
に「神さまなんかに頼ったっ
てしょうがない」じゃなく
て，神さまに助けを求めた
からなんだね (*´▽｀*)

12 件のリツイート　3927 件のいいね

汚れた者とされた女性の信仰

—— 主の衣に触れる女性

マルコによる福音書 5 章 25―34 節

　さて，ここに十二年間も出血の止まらない女がいた．多くの医者にかかって，ひどく苦しめられ，全財産を使い果たしても何の役にも立たず，ますます悪くなるだけであった．イエスのことを聞いて，群衆の中に紛れ込み，後ろからイエスの服に触れた．「この方の服にでも触れればいやしていただける」と思ったからである．すると，すぐ出血が全く止まって病気がいやされたことを体に感じた．イエスは，自分の内から力が出て行ったことに気づいて，群衆の中で振り返り，「わたしの服に触れたのはだれか」と言われた．そこで，弟子たちは言った．「群衆があなたに押し迫っているのがお分かりでしょう．それなのに，『だれがわたしに触れたのか』とおっしゃるのですか．」しかし，イエスは，触れた者を見つけようと，辺りを見回しておられた．女は自分の身に起こったことを知って恐ろしくなり，震えながら進み出てひれ伏し，すべてをありのまま話した．イエスは言われた．「娘よ，あなたの信仰があなたを救った．安心して行きなさい．もうその病気にかからず，元気に暮らしなさい．」

　きょうの説教では，先週お話しした 12 歳の少女のいやしの物語に挟まれて記されている，長い年月の間，出血が続く病を患っ

た女の人について考えたいと思います．わたしたちはそれぞれ，程度や形は異なっていても，等しく何らかの苦しみや悩みを抱えているものです．言い換えれば，人はそれぞれにその人なりの《救い》を求めているということになるでしょう．そのようなわたしたちが，真の意味でそれぞれの苦悩を取り除かれる場所があるとすれば，それはどこでしょうか．また，たとえ苦悩を相変わらずひきずっていたとしても，そのつらさを乗り越える力をもって生きていくことが可能となるとすれば，それはいったい何によるのでしょうか．それらのことは誰によって可能となるのでしょうか．そうしたことを，この女性の物語から聴きたいと願っています．

　5 章 25−34 節の部分は，主イエスが会堂長ヤイロの家に向かう途中で起こった出来事を記したものです（21−24 節参照）．ここには一人の女性が登場します．キリストとの出会いをとおしてこの女性に起こったことの素晴らしさを理解するためには，まず，彼女のおかれているさまざまな状況を正しく捉えておかなければなりません．その時，この女性の背後に，影のようにつきまとっている長い苦しみの歴史が浮かび上がってきます．彼女は〈十二年間も出血の止まらない〉病をかかえていました（25 節）．その間，彼女が病のいやしのために懸命に努力したこととその結果は，26 節に短くそして同情的に記されています．〈多くの医者にかかって，ひどく苦しめられ，全財産を使い果たしても何の役にも立たず，ますます悪くなるだけであった〉．

　彼女は，全財産を用いてなしうる人間的手段はすべて講じたにもかかわらず，その病や苦しみが改善することはありませんでした．さらにこの女性を不幸にしたのは，旧約聖書の律法の中に（レビ記 15 章 25 節以下など），出血を続ける女性に関する規定があって，出血がある間は，その女性は不浄のもの，すなわち汚れたものとみなされたということです．彼女が触れるものは不浄なものと見

なされるために，彼女は公の場に出て行って，人と接触すること
が許されていませんでした．宗教的な集会にも出ることができな
かったのです．人間的，社会的，宗教的な断絶の中で，彼女は孤
立していました．それが12年間続いたのです．つらい彼女の日々
を思って，ある人は，「彼女は死ぬことができないから生きている」
と表現しています．

　そういうきびしい状況にあったこの女性ですが，心の内には何
とかして治りたい，どうにかして，まともな人間として生きたい
という抑えがたい願いが，海の波が寄せては返すように，くり返
して心の内に生じたことでしょう．その時，自分たちの町や村で
新しく神のことを教え，病める人をいやすこともなさる主イエス・
キリストのうわさが彼女の耳に入ってきました．それによって彼
女は居ても立ってもおられずに，この主イエスのもとに行って自
分の病を訴え，いやしてもらおうという強い願いが生まれ，それ
に引きずられて，今，主のもとに近づいてきたのです．この機会
を逃したくないという思いも強くあったことでしょう．

　そのようにして彼女は群衆の中にまぎれ込んではみたものの，
それからさらに進んで主イエスの前に名乗りをあげて，自分の病
のことを打ち明ける勇気は出てこなかったのです．これまで彼女
に課せられてきたさまざまな制約が彼女を固く縛っています．迷
いのなかで，彼女は窮余の一策として，群衆の中に自分を隠した

まま，誰にも気づかれないよう
に，主イエスのうしろから主イ
エスの着ておられる衣に手を伸
ばして，それに触れたのです．
主イエスがこのことに気づかれ
たのですから，この時の彼女の
動作は触るというよりも，強い

イエスさまのまわりはファンだらけだったんだね〜

そう！そのファンの中にも，真剣に救いを求めていた人と，そうでない人がいたんだよ

意志をもって衣を指先でつまんで強く引っ張るということではなかっただろうかと想像する人もいます．その触り方の詳細はわかりません．主の衣に触れたとき，彼女は〈すぐ出血が全く止まって病気がいやされたことを体に感じた〉（29節）のです．こんなことが起こるのですね．

　この彼女の行為は，大きな危険を伴う冒険でもありました．なぜなら，彼女は不浄の身であるのですから，人々のいるところに出ていくことは，掟で禁じられているからです．彼女は今，その掟を犯しています．また，不浄の者が自ら手を伸ばして主イエスに触ったということがわかれば，彼女はこれまでに受けてきた社会的仕打ちよりも，もっときびしいものを受けるかもしれないのです．彼女の行為は，結果がどうなるかわからない賭けのようなものでした．しかし，彼女は失敗すれば自分の命をも失っていいという覚悟で，この危険な賭けに出たのです．これは裏を返せば，主イエスに対する一途な信頼の表れであり，自分自身のすべてを主に預けたのです．その時，何かが起こりました．それは彼女の長血の病が治ったことです．

　彼女が主イエスの衣服に触れることによって，彼女の病はたちまち治りました．そしてイエスはその時，自分の内から力が出て行ったことに気づかれて，〈わたしの服に触れたのはだれか〉と声をかけられた，と記されています（30節）．このあたりの記述は，わたしたちの経験を超えたものがあります．彼女がどのようにしてその病をいやされたのかの医学的な詳細をわたしたちは知ることはできません．また，どうしてそのことに主イエスが気づかれたのかに関しても，詳細な説明はありません．ただ主イエスと女性との間に起こった不思議な事実のみが記されています．

　大事なことは，彼女のふるえながら主イエスの衣にさわるその指先から，主イエスは彼女の苦しみを知られた，そして彼女の主

イエスに対する一途な信頼に応えて，主は病の回復という恵みを
もって報いてくださったということです．主はそのあと自分の衣
服に特別なさわり方をした人を探されます．弟子たちはこんなに
多くの群衆が主イエスをとり囲んでいるのに，誰が触ったかと
いって探すことは，所詮無理な話だと，半ば嘲り気味に主に答え
ています（31節）．しかし，主は弟子たちの言葉を無視されます．
主は群衆の混雑でたまたま自分に接触した人と，何かの救いや助
けを求めて主イエスに手を伸ばした人との違いがおわかりになる
のです．主はご自身の衣に触れた者が名乗り出てくることを待っ
て，探し続けられます．女性はもうこれ以上自分を隠しておくこ
とはできないと悟って，主イエスの前に名乗り出て，〈すべてを
ありのまま話した〉（33節）のです．

　主イエスがあえて，この女性に名乗り出ることを求められたの
は，その人を責めたり，とがめたりするためではありませんでし
た．むしろ彼女の益のためにそうなさったのです．なぜなら彼女
は，その出血の病のゆえに社会的にも宗教的にも孤立を強いられ
てきた女性です．そのような人が何の制約も受けずに自由な人間
として生きていくためには，彼女の病がいやされたことが，公に
宣言される必要がありました．主イエスはそのために，彼女を人々
の前に出させて，彼女の病が完全に治ったことを宣言して，彼女
の肉体の回復とともに，社会生活，宗教生活の回復にも心を用い
てくださっているのです．つまり，彼女の全人的な再出発のため
に，彼女はどうしても人々の前に出る必要があったのです．

　この女性は，もはや隠しおおすことはできないと思ってか，震
えながら主の前に出て，ひれ伏してすべてをありのままに話しま
した．その女性に主は告げられました，〈娘よ，あなたの信仰が
あなたを救った〉（34節）．彼女のこのときの主イエスに対する一
途な信頼を，「あなたの信仰」と言ってくださっています．彼女

のこの時の心の内にあるものは，主イエスが聖書全体をとおして教えておられる，キリストの十字架と復活を中心とした救いを信じる信仰ということからは，まだほど遠いかもしれません．しかし，これ以上，自分一人では戦いえないところまで戦いぬき，「主よ，お助けください」との内なる叫びをもって主イエスに自分を投げ出したこの女性の主に対する思いを，主イエスは「あなたの信仰」と言ってくださっているのです．

　彼女は，この救いの体験，恵みの体験に基づいてこれからを生きるなかで，やがては深い信仰へと導かれていったに違いありません．自分自身を失ってしまうかもしれない大きな賭けが，逆に自分自身を新たに回復し獲得することにつながりました．彼女は今，肉体的に，社会的に，また霊的に救われて，これから新たな人生に取り組んでいくのです．

　わたしたちもそれぞれに，人には言えない苦しみや悩みや痛みを抱えています．その解決の糸口を見出せないまま，悶々とした日を過ごさなければならない人もいるでしょう．主イエスにうしろから近づいて，その衣に触れることができれば，そうしたいと願っている人もいるに違いありません．長血を患っている女性のかすかな指先の動きからさえも，彼女の苦しみを理解された主イエスは，わたしたちの主に対するひたむきな信頼をもっての主への叫びに，必ず応えてくださり，いやしや平安や希望を与えてくださるに違いありません．

　自分の抱えている苦しみや絶望的な状況を，神から遠ざかる言い訳とせずに，逆に神に近づく機会とするならば，主なる神もまたわたしたちにかぎりなく近づいてくださり，必要な助けを与えてくださるでしょう．そして，「安心して行きなさい」との新たな生への挑戦へ向けて送り出してくださるのです．生き悩む人が，主イエス・キリストからの「安心して行きなさい」との声を聞き

とることができる者とされるために仕えるのが、教会の務めです。
多くの人が、主イエスとの出会いによって、この声を聞きとるこ
とができるようにと願います。そのためにわたしたちが用いられ
るとするならば、こんな素晴らしいことはありません。

　み力をもって、病めるものをいやしてくださる主イエス・キリ
ストの父なる神さま、わたしたちは、それぞれに生きることがで
きないと思うほどの痛みや苦しみを抱えることがあります。12
年間長血の止まらなかった女性は、そうした状況のなかで、うし
ろから主に近づきました。主は彼女をいやし、正面から向き合っ
て、「生きていきなさい」と力強く告げてくださいました。今の
時代にも、そうした出会いが起こりますように心から祈ります。
主なる神さま、今、悩みの中にある若い人々が、身を隠しながら
でも主イエスに近づく機会を与えてください。そして、新たな出
発を彼らに与えてください。

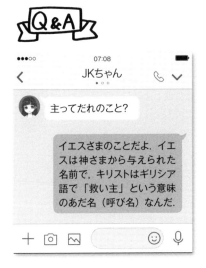

異邦人の女性の信仰

── 娘を救いへと導く母の愛

マルコによる福音書 7 章 24―30 節

　　イエスはそこを立ち去って，ティルスの地方に行かれた．ある家に入り，だれにも知られたくないと思っておられたが，人々に気づかれてしまった．汚れた霊に取りつかれた幼い娘を持つ女が，すぐにイエスのことを聞きつけ，来てその足もとにひれ伏した．女はギリシア人でシリア・フェニキアの生まれであったが，娘から悪霊を追い出してくださいと頼んだ．イエスは言われた．「まず，子供たちに十分食べさせなければならない．子供たちのパンを取って，小犬にやってはいけない．」ところが，女は答えて言った．「主よ，しかし，食卓の下の小犬も，子供のパン屑はいただきます．」そこで，イエスは言われた．「それほど言うなら，よろしい．家に帰りなさい．悪霊はあなたの娘からもう出てしまった．」女が家に帰ってみると，その子は床の上に寝ており，悪霊は出てしまっていた．

　　きょうご一緒に考えようとしている新約聖書に登場する女性は，ユダヤ人以外の異邦人の女性です．その女性に注目し，その信仰がどのようなものであったかについて聖書から聴

異邦人って？

ユダヤ人以外の人の総称だよ

きましょう.

　きょうの聖書箇所の小見出しに,「シリア・フェニキアの女の信仰」と書かれています. また, 書き出しには〈イエスはそこを立ち去って,ティルスの地方に行かれた〉とあります.「そこ」とは, 23節までの記事が書かれた舞台のことですが, それはイスラエルの北部のガリラヤ地方のことです. 主イエスはそこを去って「ティルスの地方」に行かれたのですが, これは主イエスがイスラエルの領土から出て, 北西の方にある外国のフェニキアに行かれたということです. その地の地中海に面した港町がティルスです. イラストの地図によって位置関係を確認してください. 太線で囲んだところが, イスラエルの国であり, ティルスは矢印で示しています.

　主イエスは, 何のためにこの地に行かれたのでしょうか. 聖書はそのことについてはっきりとは記していませんが, 記されていることからある程度推測することができます. それは〈ある家に入り, だれにも知られたくないと思っておられた〉(24節) の一文です. 主

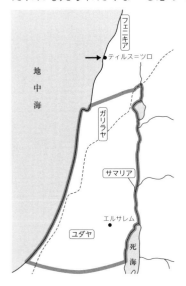

イエスと弟子たちは, 神の国を宣べ伝えるためにティルスの町に行ったということではないように思われます. 伝道目的ではないということです. むしろ, 主イエスご自身と弟子たちがしばらくの休養をとるためであったと考えられます. 外国の地であれば, 自分たちのことが誰にも知られずに休むことができるからです. こうなさったのは, 主イエスの弟子たちに対する思いやりの表れかもしれません.

　しかし「だれにも知られたくない」という思いは，すぐに打ち消されました．それは主イエスご自身を，ティルスのある人々が，ユダヤ（イスラェル）の国で評判の人として気がついたからです．この地でも，主イエスのことはある程度知られていたのです．それは 3 章 7–8 節に次のように記されていることから推測されます．〈ユダヤ，エルサレム，イドマヤ，ヨルダン川の向こう側，ティルスやシドンの辺りからもおびただしい群衆が，イエスのしておられることを残らず聞いて，そばに集まって来た〉．すでにティルスやフェニキアの地からも，イスラエルにおられる主イエスのもとにやって来て，主イエスのお話を聞いたことがある人がいたのです．そのような人々が，自分たちの町に帰って主イエスのうわさを広めていたということが考えられます．そのためにある人々が，この地にやって来られた主イエスを，あのうわさの方として気がついたのです．

　そのようにして，主イエスのうわさを聞いて主のもとに集まった人々のなかで，特別なかたちで主イエスとの出会いが起こった女性がいました．それが 25 節以下に現れる〈汚れた霊に取りつかれた幼い娘を持つ女〉です．彼女は主イエスのことを聞きつけて，娘を家に残して，一人で主のもとに来ています．彼女は主イエスのもとにやって来たとき，主の足もとにひれ伏して，「娘から悪霊を追い出してください」と頼んでいます．このときの彼女の姿勢は，軽い気持ちでお願いするというのとは違う，必死の願い，真剣な祈りを表しています．それを評してある人は，「疑惑の陰すらない祈りの姿」と表現しているくらいです．彼女は主イエスがこの地に来ておられるといううわさを聞いて，居ても立ってもいられずに，主のもとにやって来ています．自分の力ではどうすることもできない娘の悪霊つきという病をいやしていただけるお方はこの方以外にはいないという，強い思いをもって，固い

信頼をこめて，ひれ伏し願っています．彼女のすべてを主の前に
注ぎ出しています．

　これに対して，主イエスはどのように反応されたでしょうか．
意外にも主はこの求めには応じられず，逆にその求めを拒み，冷
たくつき放すような態度に出ておられます．それを表すのは，〈ま
ず，子供たちに十分食べさせなければならない．子供たちのパン
を取って，小犬にやってはいけない〉（27節）との言葉です．こ
れは謎めいた言葉であり，わたしたちにはその意味はすぐにはわ
からないかもしれません．しかし，その意味がわかるとき，主は
この女性を「冷たくつき放すような態度に出られた」という印象
を多くの人が抱くのです．その意味・内容は何でしょうか．

　表面上の意味は，一般的なこととして自分の家の子どもに与え
るべきパンを，子どもに十分に与えないで，それをとって小犬に
食べさせることをしてはいけない，ということになります．これ
は一種の比喩であって，これを解釈しなければなりません．解釈
すると，こういうことになります．「子供たち」とは，神がご自
分の民として選ばれたイスラエル（ユダヤ）の国の人々のことで
す．神は第一にこの民を選び，「我が子」と呼んで，この民に恵
みを与え，救いを与えようとしておられます．そのあとにイスラ
エルの人々は，救いを諸国の民に運ぶ務めをはたしていくことに
なります．それに対して，「小犬」とは，ユダヤ人以外の外国（異
邦）の民を表す言葉です．それは多くの場合，「犬」というように，
軽蔑をこめて呼ばれることがあるのですが，主イエスはこの言葉
のもつ鋭さやとげをやわらげて，小犬と言っておられます．

　ここでの主イエスの意図は，神の恵みはまず神の民であるイス
ラエルの人々に十分に与えられなければならない，それがなされ
た後にはじめて，外国の人々もその恵みに与ることができる，と
いうことです．そして主はまだその時は来ていないのだと，目の

前にいる女性に語っておられるのです．したがって，パンとは，神からの救いの恵みということになります．

　このような考えは，主イエス独自のものではなくて，神がお決めなった救いの順序として，当時広く受け入れられていたものであり，主イエスも今，その順序に従って行動しておられることをこの女性に告げておられるのです．したがって主は，彼女に対して，ユダヤの民に十分に福音が宣べ伝えられ，神の恵みが行きわたることができていないこの段階では，異邦人のあなたに特別の恵みを差し出すことはできないと言って，求めを拒んでおられることになります．今のわたしたちにはわかりにくいこの神の救いの拡張の方法が，何となく冷たく響き，心に少々ひっかかるものを感じさせるということがあるかもしれません．

　しかし実際は，主イエスは彼女の求めを完全に否定しておられるのではなくて，一見拒絶に聞こえる主の言葉ですが，それによって彼女を試しておられるのかもしれません．いや，彼女の求めをさらに熱心なものにしようとしておられるのかもしれません．この女の人は，主イエスが今示された反応によって，その求めや祈りをなくしてしまってはならないのです．主はさらなる真剣さを求めておられるのですから．この女性に対してわたしたちは，「あきらめずに頑張れ」と応援したくなります．

　さらにこの女性の反応を見てみましょう．彼女はこう答えています．〈主よ，しかし，食卓の下の小犬も，子供のパン屑はいただきます〉（28節）．彼女は主イエスの比喩的なお言葉をそのまま受けとめて，自分あるいは娘を「食卓の下にいる小犬」にたとえて語っています．「でも主よ，食卓の下にいる小犬は子供のパンをとって食べることはいたしませんが，こぼれ落ちるパン屑を食べることは許されるのではないでしょうか」と．主のお言葉を受け入れつつ，その言葉の中に込められている，言葉にはなってい

ない主の招きを聴きとって，機知に富んだ応答をしているのです．彼女は主イエスの恵みのおこぼれにでも与りたいという強い求めと祈りを主に投げかけています．この機会を絶対に逃したくないという娘を愛する彼女の切々たる思いが伝わってくるようです．彼女は娘のために必死なのです．

　それに対して，主イエスは次のように応じられました．〈それほど言うなら，よろしい．家に帰りなさい．悪霊はあなたの娘からもう出てしまった〉（29 節）．主イエスは娘をいやす，いや，すでにいやしたと告げておられるのです．主のお心が突然変わったように思われます．そうです，しかしそれは，この女性の信仰を確認することがおできになったからです．そして，事実，主が言われたとおりのことが，彼女の家で起こったことを，彼女は経験することになります．30 節に次のように記されています．〈女が家に帰ってみると，その子は床の上に寝ており，悪霊は出てしまっていた〉．彼女の祈りは聞き届けられたのです．この母親はどんなに驚き，また感謝したことでしょうか．

　主イエスは彼女の機知に富んだ答えに感心されただけではなく，その言葉に秘められた彼女の祈りと信仰と愛をしっかりと受けとめてくださっています．「それほど言うなら，よろしい」というわたしたちの聖書の言葉は，以前の翻訳では「その言葉で十分である」となっていました．彼女のひたすらな信仰が，彼女のやわらかい言葉に秘められていることを，主イエスは受けとめ，その信仰に応えて娘のいやしを与えてくださったのです．なんと心の柔らかな主イエスであられることでしょうか．

　彼女は主イエスに多くのことを求めてはいません．ただ娘がいやされることだけを求めて，主の前にひれ伏しています．主の恵みの一端にふれることができれば，それで十分だと，彼女は心の底から願っていました．主イエスはそれに応えてくださったので

す．主イエスは冷たい原理で動かれる機械じかけのお方ではありません．主はいつくしみ深い心を持ったお方であり，一人ひとりの痛む心，求める心，傷ついた心に寄りそってくださるお方です．この主によって，一人の幼い娘と，その娘のことで心を痛めていた母親がいやされたのです．

　一人の母親の我が子に対する愛と，主イエスに対する強い信頼によって，二人の人間が同時にいやされたこの出来事は，大きな示唆と励ましをわたしたちに与えてくれます．それは，教会やキリスト者が心からこの世の苦しむ人，痛む人のことを覚えて，主イエスに対する強い信頼のもとで祈りを重ねるなら，きっと主イエスが思いがけないことを引き起こしてくださるに違いない，ということです．教会の真剣な愛と祈りと信仰が，神の恵みと慈しみをこの世に向けて引き出すことができるのです．

> 二人の人間って？

> 母親と娘のことだよ

　傷つき，病んでいるこの世界と人々に対して，わたしたち自身は無力です．にもかかわらず，教会がこの世の人々に何かをすることができるとするならば，それは，彼らに対する愛をもって，主の前にひれ伏し祈ることです．わたしたちは無力でも，救い主イエス・キリストは無力ではありません．必ずや，わたしたちの信仰と祈りに応えてくださるでしょう．その確信のもとに大胆に主に近づき祈ることのできる信仰者を，主は期待しておられます．

　わたしたちの祈りを聞いてくださる，主イエス・キリストの父なる神さま，わたしたちの力は弱く，いろんな出来事のなかで行き詰まりと絶望を覚えることがしばしばです．そのようなときに，わたしたちは，神さまに目を向け，祈ることが許されていること

を感謝いたします．「悩みの日にわたしを呼べ」と言われる神さ
まに，助けといやしを必要としている人々のために，心を込めて
祈るものとさせてください．そして，それらの人々にいやしを与
えてください．

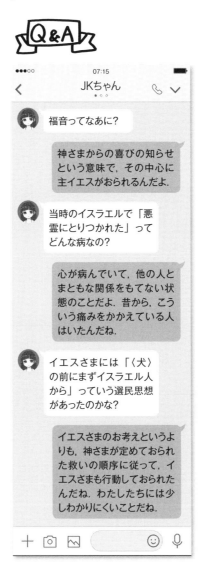

Q&A

07:15

JKちゃん

福音ってなあに？

神さまからの喜びの知らせ
という意味で，その中心に
主イエスがおられるんだよ．

当時のイスラエルで「悪
霊にとりつかれた」って
どんな病なの？

心が病んでいて，他の人と
まともな関係をもてない状
態のことだよ．昔から，こう
いう痛みをかかえている人
はいたんだね．

イエスさまには「〈犬〉
の前にまずイスラエル人
から」っていう選民思想
があったのかな？

イエスさまのお考えというよ
りも，神さまが定めておられ
た救いの順序に従って，イ
エスさまも行動しておられ
たんだね．わたしたちには少
しわかりにくいことだね．

安息日にいやされた女性

—— 痛む人を見つめる主のまなざし

ルカによる福音書 13 章 10—17 節

　安息日に，イエスはある会堂で教えておられた．そこに，十八年間も病の霊に取りつかれている女がいた．腰が曲がったまま，どうしても伸ばすことができなかった．イエスはその女を見て呼び寄せ，「婦人よ，病気は治った」と言って，その上に手を置かれた．女は，たちどころに腰がまっすぐになり，神を賛美した．ところが会堂長は，イエスが安息日に病人をいやされたことに腹を立て，群衆に言った．「働くべき日は六日ある．その間に来て治してもらうがよい．安息日はいけない．」しかし，主は彼に答えて言われた．「偽善者たちよ，あなたたちはだれでも，安息日にも牛やろばを飼い葉桶から解いて，水を飲ませに引いて行くではないか．この女はアブラハムの娘なのに，十八年もの間サタンに縛られていたのだ．安息日であっても，その束縛から解いてやるべきではなかったのか．」こう言われると，反対者は皆恥じ入ったが，群衆はこぞって，イエスがなさった数々のすばらしい行いを見て喜んだ．

　７月から８月の二か月間，今年も多くの遺愛学院の中学・高校生が礼拝に出席される予定です．そこで，昨年に引き続いて「新約聖書の女性」というテーマで，一人ずつの物語を取り上げて，

そこから神の恵みを聴きとりたいと願っています.

　きょうは,安息日に主イエスにいやされた女性についてです.わたしたちはだれもが一つやふたつの病気や痛みを抱えています.ここに出席の中高生自身が,あるいはその家族・友人が,病で苦しんでいるということもきっとあることでしょう.肉体の病気そのものの痛みや苦しみや不自由さももちろんつらいし,耐え難い思いをすることがあります.それとともに,あるいはそれ以上に,心が弱り精神がまいってしまうことがあります.病のゆえに生きることへの気力を失ったり,人生をのろったりする,さらに,そのことのゆえに,神や他者をうらむ,そのようにして暗く沈んだ日々を過ごさざるをえなくさせられている人々も,決して少なくないのです.肉体の病以上に,心の歪みや魂に混乱が生じてしまうことの方が,より深刻である,という場合もあります.

　詩編6編3-4節で,病に苦しむ人が次のように歌っています.〈主よ,憐れんでください,わたしは嘆き悲しんでいます.主よ,癒してください,わたしの骨は恐れ,わたしの魂は恐れおののいています.主よ,いつまでなのでしょう〉.これは肉体的,精神的,霊的苦しみの中からの叫びです.肉体の病が魂の苦しみを生じさせることは,よく理解できることです.

　今,肉体の痛みをかかえた一人の女性が,ユダヤ人の礼拝の場である会堂に入って来ました.そこで思いがけなくも,主イエスとの出会いが起こるのです.この女性は,11節によれば,18年間,腰が曲がったまま,どうしても伸ばすことができない状態でした.歩くのにも困難を覚えたでしょうし,起きたり寝たりするのも大変なことであったに違いありません.健康な人と違って,家事も重荷となっていたことでしょう.この女性の肉体的疾患から生じてくる不自由さや大変さを,わたしたちは,さまざまに想像することができます.さらに彼女は,〈病の霊にとりつかれて

いる〉と説明されています．この体の疾患のゆえに，心も病み，健康な人とは異なるふるまいや精神状態に陥っていたかもしれないこの女性は，他の人々からは病の霊にとりつかれていると見られていたのです．人々による，ある種の偏見や固定観念が彼女にはついてまわっていました．差別されていたかもしれません．

　この女性が中年なのか年老いた人なのかはわかりません．考えてみれば，18年間も，腰が曲がったままで，下ばかりしか見えない状態で生きてこざるをえなかったことによって，心が暗く重いものになっていたとしてもしかたがない，と言える面があるのではないでしょうか．美しい青空を，美しい星空を仰ぐことができないのです．上は見えなくても，大地の小さな草花や生き物が見えるではないか，と他の人が言っても，それは本人がそのように心を切り換えることができなければ，何の慰めにもなりません．そのことに対して，他者は口出しできません．

　しかし，彼女は肉体においては上を見上げることができなくても，心において上を見上げることまで全く失っているということではありませんでした．それが，安息日に会堂に出かけるという行為の中に現れています．彼女は会堂に行って，礼拝のなかで神を見上げているのです．病の中で彼女はなお，神を見上げつつ生きようとしています．彼女は，病がいやされることを第一に願ってというよりも，一人のつつましい礼拝者として，神を崇めるために会堂の隅に連なっていたのではないでしょうか．

　その日，この会堂には主イエスも来ておられました．そして，主イエスの眼差しはその女性に注がれるのです．主イエスはこの女性の曲がった体を見られるだけでなく，肉体のつらさにもかかわらず神を見上げることを失ってはいない彼女の心をご覧になるのです．それは信仰を見ておられると言ってもよいでしょう．主は，人々を十把ひとからげにご覧になる方ではありません．具体

的に，個別的に，一人ひとりをご覧になって，その人にふさわしい関わりをしてくださるお方です．これは何と幸いなことでしょうか．

　主イエスは会堂の隅の方で礼拝者として連なり，聖書の教えに耳を傾けていたこの女性の，その存在から響いてくる心の叫びに，耳を傾けてくださっています．主は彼女を呼び寄せられました（12節）．それは，他の人々によって設けられていたかもしれない彼女の領域，あるいは「自分はここに留まっていなければならない」として自ら設けていたかもしれない領域，そうした領域，限界から彼女を引き出してくださる主の行為なのです．主は，今いる場所から出て，わたしのもとに来なさい，と招いておられます．

　主は，呼びかけに応えて自分の場から出て来たこの女性に，「病気は治った」と声をかけて手を彼女の上に置かれました．すると，18年間伸ばすことができなかった彼女の体が，たちどころにまっすぐになりました．イエスさまによって，また信じがたいことが起こりました．このあと彼女は，神を讃美しました．主によるいやしの場面でよく見られる光景が，ここで展開されています．彼女は，もはや曲がった体のことで不自由を覚えることなく，また卑屈な思いで生きる必要もなくなったのです．この出来事は，神の前での礼拝が人々に解放といやしをもたらす時であるということを象徴的に表しています．

　詩編118編5節に次のように歌われています．〈苦難のはざまから主を呼び求めると／主は答えてわたしを解き放たれた〉．みなさんのご両親の世代の人たちが使っていた聖書では，「解き放たれた」の部分は「広い所に置かれた」という表現でした．今，彼女は主イエスのみ手に導かれて狭いところから広いところに移され，不自由の世界から自由の世界へ飛び立つことができているのです．

　こうして，安息日の礼拝の場で，一人の病める女性がいやされ
ました．このことはそこに連なっている他の礼拝者にとっても喜
ぶべきことであるはずです．ところが，会堂において指導者的な
立場にある会堂長が，そのことで腹を立て，「なぜ安息日に人を
いやすのだ．安息日以外にあと 6 日あるではないか．安息日以
外にいやされればよいのだ」と言っています．彼の怒りの理由は
何であったのでしょうか．それは当時，「安息日規程」というも
のがあって，安息日にしてはならないことが細かく定められてい
ました．その一つを主イエスが破った，ということによるのです．
命に直接関わりのある病気の場合，つまり緊急を要する場合は，
安息日でもそれをいやす行為をすることは許されていましたが，
そうでない慢性的な病や障がいに対する治療行為は労働とみなさ
れて，安息日には禁じられていました．会堂長が「安息日はいけ
ない」と言っているのは，そういう背景から出てきている言葉な
のです．

　それはまさしく律法主義的であり，機械的な態度です．もしこ
の会堂長に，礼拝によく出席していたに違いないこの体の曲がっ
た女性のためにいやしを求める祈りがあったなら，こうした憤り
は生じなかったはずです．彼女への愛があり，彼女のための祈り
があったならば，彼はこの女性がいやされた時，この女性ととも
に神を讃美することができたに違いありません．安息日とは，人
が神の安息，神による平安にあずかる日です．安息日は，神との
交わりをとおして，神の命にふれて，人々が生きる喜びと力を回
復したり，それを獲得したりすることのできる日として備えられ
たものです．主イエスはそのことを今，目に見える形で起こして
くださったのです．会堂長は，そうしたことには思いも及びませ
んでした．

　先ほどふれた安息日規程には，安息日であっても家畜に水を飲

ませるために家畜小屋につないでいた家畜を解いて，水飲み場に
連れて行ってよいとされていました．15 節で主はそのことを指
摘しておられます．また 14 章 5 節では，自分の子や家畜が穴に
落ちた場合，安息日であってもその穴から引き上げることが許さ
れていることを，主は，指摘しておられます．そのほかにも複雑
なきまりが数多くありました．そのように家畜や小さな命に対し
て許されていることが，病める人間に許されないはずがないとい
うことを，主は今，人々に教えてくださっています．

　主イエスは，次のように訴えておられます．今，共に，礼拝を
ささげているこの群れの中に，悪しき力によって体が束縛され，
病の霊によって捕らえられて，家畜小屋の中にいる牛やろばのよ
うに狭い所に閉じ込められている女性がいる．彼女は病の体を引
きずりながら，安息日の礼拝をささげている．その人の存在を知っ
た以上は，そのままにしておく訳にはいかない．その人を捕らわ
れの状態から解放して，神の恵みと憐れみのなかに生きることが
できるようにしてあげるのは当然ではないか．そうした主イエス
の切々とした訴えが，声ならぬ声として会堂に静かにそして力強
く響いています．

　なるほどこの女性は安息日であるその日にいやされなくても，
命に別状はないでありましょう．いやしを一日延ばしたところで，
彼女が危篤に陥るということはないに違いありません．しかし，
主イエスは先延ばしにはされません．主は，いかなる人間でも，
不必要に長く苦しむことを欲したもうお方ではないのです．主は
今いやすことができる病を，今助けることができる苦しみを，明
日まで我慢せよとおっしゃるお方ではないのです．今できること
は今なさる，きょうできることはきょうする，主は，そのように
して一刻一刻をかけがえのない時として重んじておられます．そ
れが，キリスト教が大事に考える，いつ終わりの時が来てもよい

とする生き方です．

　主イエス・キリストの復活以後，キリスト教会は，それ以前の土曜日の安息日から，日曜日を主の日として，神の前に，礼拝をささげるようになりました．きょうがその日です．そのようにして，キリスト教会はユダヤ教との違いを明確にしました．その礼拝において，復活の主は，見えないかたちで働いてくださっています．主との出会いを真剣に求めるならば，それによっていやしや救いや光が与えられるに違いありません．主は痛みや苦しみの束縛に閉じ込められている人を，そこから導き出して広いところへと移してくださるに違いありません．わたしたちはそのことを信じて，大胆に，主の日毎に主の前に進み出るとともに，苦しむ魂をそこへと導くものでありたいと願います．それは，苦しんでいる人へのわたしたちの奉仕であり，責任なのです．礼拝に出席している遺愛学院の中高生に，礼拝をとおしての主イエス・キリストとの出会いが与えられるように祈ります．そして，もしここに苦しみや痛みを抱えている人がいるならば，主イエスによってそれがいやされることを心から願います．

　神さま，わたしたちはどのように祈ったらよいかわからない者たちです．でも神さまは言葉にならない心の叫びを聞いてくださり，それに応えてくださるお方です．このわたしの言葉にならない祈りやうめきをお聞きくださり，「大丈夫だ」とおっしゃってください．閉じ込められた狭い所から，広い自由な場へと移してください．同じように，苦しみ悩む友らの心の叫びにもお応えくださいますようにお願いいたします．

JKちゃん

07:07

霊的な苦しみってなあに？

たとえば，「生きるとはどういうことか」とか「人間は何ものなのか」という問いに答えが得られないときの苦しみが，それにあたるんだよ.

安息日はなぜできたの？

今は日曜日だけど，イエスさまの当時は土曜日だったんだよ. 神さまから与えられた十戒のなかに「安息日を他の日から区別しなさい」というものがあったから，その日は神を礼拝する日として設けられたんだよ.

どうしてユダヤ教は安息日が土曜日だったの？

神さまが世界を創造されたとき，七日め，すなわち土曜日に休まれたと創世記（2章1—2節）に記されているね. それが安息日の起源なんだよ.

いやしの出来事をみていると「わたしの信仰心がわたしを救った」のかなと思ったけど，わたしが求める前から救ってくださるんだね. じゃあ，信仰いらなくない？？

まだはっきりしていない「わたしの求める心」を，他の人がわたしに代わって神さまに言い表すということはあるんだよ. 神さまはそこから「わたし」の信仰を造りだし，育ててくださるんだ.

タビタ, 起きなさい

── 弟子ペトロによる死者の生き返り

使徒言行録 9 章 36─43 節

　ヤッファにタビタ ── 訳して言えばドルカス, すなわち「か
もしか」── と呼ばれる婦人の弟子がいた. 彼女はたくさんの
善い行いや施しをしていた. ところが, そのころ病気になって死
んだので, 人々は遺体を清めて階上の部屋に安置した. リダは
ヤッファに近かったので, 弟子たちはペトロがリダにいると聞い
て, 二人の人を送り,「急いでわたしたちのところへ来てください」
と頼んだ. ペトロはそこをたって, その二人と一緒に出かけた.
人々はペトロが到着すると, 階上の部屋に案内した. やもめたち
は皆そばに寄って来て, 泣きながら, ドルカスが一緒にいたとき
に作ってくれた数々の下着や上着を見せた. ペトロが皆を外に出
し, ひざまずいて祈り, 遺体に向かって,「タビタ, 起きなさい」
と言うと, 彼女は目を開き, ペトロを見て起き上がった. ペトロ
は彼女に手を貸して立たせた. そして, 聖なる者たちとやもめた
ちを呼び, 生き返ったタビタを見せた. このことはヤッファ中に
知れ渡り, 多くの人が主を信じた. ペトロはしばらくの間, ヤッ
ファで革なめし職人のシモンという人の家に滞在した.

　きょうは, わたしたちより先に神のもとに召された人たちを記
念する召天者記念の日です. 信仰の先達のことを覚えながら, わ

たしたちの生きる力，死を超えた希望はどこから来るのかについ
て考える礼拝です．中高生のみなさんもご一緒に考えてみてくだ
さい．

　36 節以下の一つの物語の前に，32−35 節で，リダという町（エ
ルサレムの北西約 40 キロの地点）で，一人の病める女性がペトロに
よっていやされた物語が記されています．それに続いての物語が，
36 節以下にある港町ヤッファ（リダよりさらに十数キロ北西に行った
町）での，一人の死んだ女性の生き返りの物語です．その物語に
秘められている深い意味は何でしょうか．

　ここに登場するのは，タビタという〈婦人の弟子〉（36 節）で
す．「弟子」と言われていることから，わたしたちはこの女性が
キリスト者であり，ヤッファのキリスト者の群れにおいて，良い
奉仕や指導をしていたことを推測することができます．それを示
す記述も，この箇所において見ることができます．タビタは，こ
のキリスト者の群れのなかで，特にやもめを中心とする女性たち
にとっては，精神的支柱のような存在でした．タビタは若い女性と
いうよりも，ある程度年配の，人生経験が豊かな人であったと想像
することができます．

やもめって？

夫を亡くした女性のことだよ

　あるとき，このタビタが病のために死にました．誰もが迎える
地上の命の終わりが彼女を訪れたのです．彼女の遺体は清められ
て，階上の部屋に安置されました．イスラエルやパレスチナ地方
では，人が死ぬとその遺体は死んだその日に埋葬されるのが一般
的な習慣でした．旧約・新約聖書にそのような例をいくつも見る
ことができます．主イエス・キリストの遺体も，十字架上で亡く
なられたその日に急いで埋葬されたことをわたしたちは知ってい
ます．

　ところが，タビタの場合はそうではありませんでした．彼女の遺体は風通しのよい階上の部屋に安置されたのです．なぜでしょうか．それは人々があることを期待してのことでした．ヤッファのキリスト者たちは，そこから十数キロしか離れていないリダの町で，先にペトロによってなされたアイネアのいやしの出来事（使徒言行録 9 章 32 節以下）を知っていたのです．もしかすると，アイネアに対してと同じように，タビタに対してもペトロをとおして主イエス・キリストが働きかけて，何事かを起こしてくださるかもしれない，という希望や期待をヤッファの信者たちは抱いていたということなのです．そのために人々は，二人の使いをペトロのもとに送り，彼に来てもらうことにしました．ヤッファの信仰者たちはタビタの死という大きな出来事の中で，ペトロをとおして働かれる復活の主イエス・キリストに助けを乞うています．

　二人の使いの者は，共同体の熱い祈りに送り出されて，ペトロのもとに向かっていきました．そういう次第で，タビタの遺体はペトロがヤッファに来るまでは，埋葬するわけにはいかなかったのです．二人の使いは，リダでペトロに会うと次のように言っています．〈急いでわたしたちのところへ来てください〉（38 節）．さらに詳しい事情を聞かされたに違いないペトロは，二人の要請に即座に応えて，ヤッファに向かうのです．ヤッファについたペトロは，すぐにタビタの遺体が安置されている階上の部屋に案内されました．今か今かとペトロの到着を待っていた人々，特にタビタに世話になり，良くしてもらったやもめたちは，ペトロの周りに集まって来て，泣きながら，タビタが生前，彼女たちのために作ってくれた数々の下着や上着をペトロに見せています．彼女の良い働きについても多くが語られたことでしょう．

　わたしたちは，タビタの死を悼む人々の悲しみの様子を，頭のなかに思い描くことができるのではないでしょうか．中高生のみ

なさんには，こうした経験はまだ少ないかもしれませんが，わた
したちも，愛する者や親しい者が死んだとき，その人がしてくれ
たこと，残していったもの，語ってくれた言葉などを想い起こし，
語り合いながら，悲しみや淋しさを共に分かち合おうとするもの
です．そのように，ペトロの周りには，タビタの死を嘆き悲しむ
人々が数多くいました．ペトロもそれらの人々の悲しみや涙や嘆
きの言葉から，この群れの中でタビタがいかに大切な働きをし，
無くてはならぬ存在であったかを知ることができたに違いありま
せん．神から用いられ，人々に愛されたタビタであったことを，
ペトロは今，しっかりと心深くに受けとめているのです．

　そのようななかで，要請されてここに来たペトロが，今なすべ
きことは何でしょうか．それは何よりも，この状況のなかで神の
み心を問うことです．ペトロには，タビタの周りにいる人々の深
い嘆き悲しみはよくわかりました．タビタの死によって，この群
れがある意味で危機に直面していることも手にとるようにわかり
ました．しかし，事を決め，事をなさるのは，神なのです．それ
ゆえ，ペトロはどんなときにも何よりも神のみ心を問うことが不
可欠であることを知っている者として，すべての人を部屋の外に
出して，ひとりひざまずいて神に祈る時をもったのです．彼はひ
たすらに祈ったに違いありません．自分がリダから呼ばれて今こ
こにいるのは，人々が自分にタビタの生き返りの奇跡を起こすこ
とを願ってのことであるということを知りつつ，自分の思いや
人々の思いでなく，何よりも神のみ心をひたすら尋ね求めて祈っ
ています．「神さま，わたしはいまここで何をなすべきでしょうか」
とも祈ったでしょうし，「神さま，悲しむ者たちの願いを聞いて
ください」とも祈ったことでしょう．そのようにして，祈りの時
をもったあと，ペトロはタビタの遺体に向かって次のように呼び
かけています，〈タビタ，起きなさい〉（40節）．

　そうすることが神のみ心であると知らされたからこそ，ペトロは「タビタ，起きなさい」と呼びかけているのです．この言葉には，神のご意思が込められています．いや，神の言葉そのものなのです．するとその言葉に応じて，タビタは目を開き，ペトロの差し出す手の助けを借りて立ち上がりました．ペトロの言葉は，神のみ心にかなったものであり，ペトロの言葉をとおして，あるいはその言葉とともに，復活の主イエスが働いてくださることによって，タビタの蘇生，すなわち生き返りが起こったのです．

　これをなさったのは，主なる神です．それゆえ，人々はこの出来事をとおして，〈主を信じた〉（42節）と記されています．彼らはペトロの背後に命の神がおられることを知りました．それゆえ，ここでもリダにおけるのと同じように，人々はペトロを信じたというよりも，今も生きて働いておられる主なる神を信じたのです．ペトロは，主なる神の力と恵みを運ぶ器として用いられたにすぎないのです．このことはわたしたちも確認すべきことがらです．

　福音書には，死んだ人が生き返らされた出来事は，いくつか記されています．それも時期的に二つに分けることができます．主イエスが生前になさった会堂長ヤイロの娘を生き返らせた出来事や，ナインという町のやもめの息子の蘇生の出来事は，やがて起こる主イエス・キリストご自身の復活の予兆，しるしという意味をもっていました．それらはやがて起こる主イエスの死からの復活をあらかじめ示す預言者的な意味をもつ出来事でした．

　それに対して，時期的には主イエスの死と復活以後に，使徒ペトロがおこなった死者の蘇生の出来事も聖書には記されています．これは，今度は，主イエスが実際に復活されたことの証しであり，復活された主が今も生きて働いていることのしるしという意味をもっているものです．さらには，終末の時に起こるすべての主にある者たち，すなわち，わたしたちの体のよみがえりの前

触れ（予兆）という意味をもっているものとして，受けとめることができるでしょう．わたしたちも，この希望の中で今を生かされているのです．先に天に召された人々と共に，わたしたちも死の後に，主イエスの力によって死の床から起き上がらされるのです．召天者記念礼拝において，わたしたちは毎年そのことを確認しています．このことは若い人たちにとっては信じにくいことでしょうし，受け入れがたいことかもしれません．しかし，これはキリスト教の中心的な教えであることを覚えていてください．

　最後に，わたしたちは，ペトロがアイネアとタビタの二人の人それぞれに語りかけた言葉そのものに注目してみましょう．アイネアに対しては，〈アイネア，イエス・キリストがいやしてくださる．起きなさい〉と命じています．タビタに対しては，〈タビタ，起きなさい〉です．「起きなさい」という全く同じ呼びかけ，命令が二人に投げかけられています．そしてわたしたちはこの言葉を聞くとき，主イエスが会堂長ヤイロの娘に向かって，〈タリタ，クム〉〈少女よ，わたしはあなたに言う起きなさい〉（マルコによる福音書5章41節）と言われた言葉を思い起こします．この言葉に促されるように，死の状態にあった少女は起き上がって歩き出しました．主イエスの言葉，主の力，主のあわれみは，死の状態にある者をも，もう一度生かすことができるほどのものであることが示されています．

　その主は今も，さまざまな重荷や苦しみや悲しみで打ちひしがれ，倒れそうになっている者，いや，すでに倒れている者に対して，その名を呼びながら，「起きなさい」「立ち上がりなさい」「歩きなさい」と声をかけ，「わたしが共に生き，共に歩くから」と約束してくださっているのではないでしょうか．主イエスは，わたしたちが悲しみや悩みの中で潰されてしまうことを欲したもうお方ではありません．一人ひとりがそれぞれの賜物に応じて，喜

ばしく，神と人とに仕えて生きることを願い，そのための力を与えようとしていてくださるのです．

　わたしたちは，自分自身に向けて語りかけられている，わたし自身の名を呼んでの主の「起きなさい」というみ声を聞きとるものでありたい願います．倒れたわたしたちに主はそのように語りかけてくださっているのです．それと同時に，今，さまざまな意味で倒れかかったり，また，実際に倒れている人々に，主が語りかけておられる「起きなさい」との慈しみと憐れみに富んだ言葉を，わたしたちが取り次ぐものであることが主イエスによって期待され，委ねられていることも忘れてはならないことです．わたしたちは主によって力と希望を与えられて，主の「起きなさい」との呼びかけの言葉を人々にもち運ぶ務めを果たしていきたいものです．

　神さま，あなたのひとり子イエスさまは，死から復活されました．とても信じがたいことですが，聖書はそのように告げています．わたしにも，主イエス・キリストの死からの復活を信じる信仰を与えてください．そして，その信仰によって，どのような悲しみや苦しみをも乗り越えることができるようにしてください．さらに，その信仰によって，死の苦しみと，悲しみの中にある人に，慰めを運ぶものとさせてください．

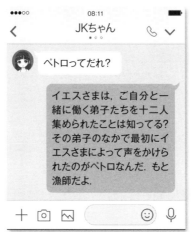

II

イエスさまに仕えた女性たち

弟子ヤコブとヨハネの母の願い

—— 子どもの出世を願う母

マタイによる福音書 20 章 20—28 節

　そのとき，ゼベダイの息子たちの母が，その二人の息子と一緒にイエスのところに来て，ひれ伏し，何かを願おうとした．イエスが，「何が望みか」と言われると，彼女は言った．「王座にお着きになるとき，この二人の息子が，一人はあなたの右に，もう一人は左に座れるとおっしゃってください．」イエスはお答えになった．「あなたがたは，自分が何を願っているか，分かっていない．このわたしが飲もうとしている杯を飲むことができるか．」二人が，「できます」と言うと，イエスは言われた．「確かに，あなたがたはわたしの杯を飲むことになる．しかし，わたしの右と左にだれが座るかは，わたしの決めることではない．それは，わたしの父によって定められた人々に許されるのだ．」ほかの十人の者はこれを聞いて，この二人の兄弟のことで腹を立てた．そこで，イエスは一同を呼び寄せて言われた．「あなたがたも知っているように，異邦人の間では支配者たちが民を支配し，偉い人たちが権力を振るっている．しかし，あなたがたの間では，そうであってはならない．あなたがたの中で偉くなりたい者は，皆に仕える者になり，いちばん上になりたい者は，皆の僕になりなさい．人の子が，仕えられるためではなく仕えるために，また，多くの人の身代金として自分の命を献げるために来たのと同じように．」

　きょう，わたしたちが注目しようとしている女性は，主イエス・キリストの十二人の弟子の中の二人の弟子であるヤコブとヨハネの兄弟の母です．ここにはその名は記されていませんが，他の福音書から，サロメという名であったと推測されています．この兄弟が主イエス・キリストの弟子となった時の状況は，マタイによる福音書4章21–22節から知ることができます．これは，彼らより先にペトロとアンデレの兄弟が主の弟子になってすぐあとに起こったことです．〈そこから進んで，別の二人の兄弟，ゼベダイの子ヤコブとその兄弟ヨハネが，父親のゼベダイと一緒に，舟の中で網の手入れをしているのを御覧になると，彼らをお呼びになった．この二人もすぐに，舟と父親とを残してイエスに従った〉（マタイによる福音書4章21–22節）．

　これはイスラエルの北部にあるガリラヤ湖の水べでのことでした．ペトロとアンデレに続いて漁師の兄弟ヤコブとヨハネが，主イエスの招きに応じて主イエスに従いました．つまり主イエスの弟子になったのです．この場面では，母親の姿はどこにも見られません．しかし，マタイによる福音書の終わり近くに記されている主イエスの十字架の場面では，次のように描かれています．〈またそこでは，大勢の婦人たちが遠くから見守っていた．この婦人たちは，ガリラヤからイエスに従って来て世話をしていた人々である．その中には，マグダラのマリア，ヤコブとヨセフの母マリア，ゼベダイの子らの母がいた〉（マタイによる福音書27章55–56節）．

　北のガリラヤから南のエルサレムまで移動された主イエスとその弟子たちの集団に，ヤコブとヨハネの母がいたのです．彼女も息子たちが弟子になったあと家を出て，主イエスに従っています．彼女の夫であり，二人の息子ヤコブとヨハネの父ゼベダイはどうしたのでしょうか．少し心配になりますが，聖書学者たちが想像していることは，ヤコブとヨハネの息子たちが主イエスに従い始

めたあと，主イエスはまだガリラヤ地方で神の国を宣べ伝える働きをしておられたのですが，その時期に，夫であり父であるゼベダイは死んだのであろう，ということです．やもめとなったゼベダイの妻は，夫の死後，自分も二人の息子が従っている主イエス・キリストに従っていく決心を与えられて，主イエスの教えを聞きながら，ガリラヤからエルサレムへの旅の間の弟子たち集団の世話をしてきたのです．他にもそのような女性たちがいたことを，聖書は明らかにしています．

　そのようにして，主イエスと弟子たちがエルサレムに近づいて行く途中のある時，それが20節の〈そのとき〉です．前の17節の〈イエスはエルサレムへ上って行く途中……〉とあるその途中でのことが，20節以下に記されています．

　その前に主イエスは何をお語りになったのでしょうか．18-19節を読めばわかるのですが，要するに主イエスが敵に捕らえられて十字架にはりつけになって死ぬ時，そして死のあとよみがえって神のもとに行かれる時，その時が近づいてきているということです．そこで「人の子」とくり返し語られている言葉は，主イエス・キリストご自身のことです．つまり主イエスの死が近づいているのです．エルサレムに近づけば近づくにつれて，主イエスの死の時も近づいてきます．そういう切迫感が弟子たちにも感じとられたに違いありません．主イエスの死が，どのような深い意味をもっているかについては，弟子たちはまだ正しく理解することはできていません．ただ，主イエスの死によって，主イエスがくり返し語ってこられた神の国が完成するのだ，ということは，弟子たちなりの理解で受けとめていました．だからこそ，20節以下のようなことが起こるのです．

　神の国の完成の時が近づいているということを，間違った解釈で受けとめたゼベダイの息子たちの母とその二人の息子（ここで

はその名は記されていませんが，ヤコブとヨハネです）たちが，秘かに，主イエスのもとにやってきています．そして母親は主に対して願いごとを言うのです．言葉を補って言うと次のようなことです．「主イエスさま，神の国が完成して，主イエスが王座におつきになったなら，二人の息子ヤコブとヨハネを王である主の右と左という最高の座につけてください」．それが母と息子たちの願いでした．他の弟子たちに気づかれないように行動している彼らのあり方は，要するに抜けがけです．他の弟子たちを出し抜いているのです．こうしたことは，若い人たちの間ではとても嫌われますね．

　これはいったい，誰が最初に思いついたのでしょうか．それに関しては，実はいくつかの説があります．それは母親であるという説が一方にあります．20節は明らかに母親が二人の息子を主イエスのもとに連れて来たというように受けとめられます．弟子たちの中でペトロについで，ヤコブとヨハネは主イエスによって重んじられていました．母親もそのことを知っていました．そのような中で，自分の身内たちを他者よりも優位な地位につけたい，競争に負けさせたくないという思いで，この願いを主イエスに投げかけたということです．母親主導ということが，一つの解釈のしかたです．

　他方，いやこれはヤコブとヨハネの方が先に考えたことだという説もあります．それは，これと同じような記事が，マルコによる福音書 10 章 35–45 節に記されていて，そこではヤコブとヨハネの二人だけで主イエスのもとに行っていて，母親は登場していません．マタイによる福音書よりもマルコによる福音書の方が，早く福音書として成立していることも踏まえて，これは母親ぬきに息子たちだけで行動したことだと解釈されるのです．

　どちらがより事実に近いかの判断は難しいですが，いずれにし

ろ息子たちの願いと母親の願いが一致していることは間違いあり
ません．これはわたしたちの社会でよくみられる出世主義，競争
の原理，権力志向といったことが主イエスに従っている者たちの
中にもあったということ，あるいはそうしたこの世の価値観を主
の弟子たちが払拭しきれないでいるという事実をさし示していま
す．これは信仰から出てくる求めではなく，信仰とは全く異質の
世界における価値観，人間観であるというほかないのです．この
二人の弟子だけではなく，他の弟子たちも同じような考えをもっ
ていたことは，二人のことを知って彼らが怒っている事実から推
測できます（24 節）．

　主イエスはこのような求めに対してどのように反応されたで
しょうか．主は怒られるのではなくて，深い憂いと悲しみをもっ
て応じておられます．そして，神から遣わされた救い主イエス・
キリストに従うことの本質的な意義は，この世の生き方や価値観
とは全く異なるということを教えられます．そのことについてヤ
コブとヨハネに対して，また二人と同じようなことを心の内に抱
いていた他の弟子たちに対して，さらに主に従って来ている婦人
たちに対して話されたのです．それを要約して言うならば，人か
ら仕えてもらうとか，人を自分に仕えさせるということを求め
るのではなくて，主に従うものはしもべ（奴隷）のようになって，
他の人の命のために仕えるものでなければならない，という教え
です．そしてその見本として，主イエス・キリストご自身が，罪
人の身代わりとなって神の裁きを受けるという十字架の死の出来
事，自分の命を差し出す出来事を語られるのです（28 節）．

　実は，これこそがキリスト教信仰の中核にあることであって，
キリストの十字架上での死がもっているわたしたちの救いに関わ
る重要な内容です．今，その主イエスの十字架の信仰的な意義を
深く丁寧に考えることはできませんが，若い人たちには主の教え

の中心である「仕える者として生きなさい」ということを，ぜひ心に刻んでいただきたいと願います．人の上に立ち，人々から賞賛を受け，人々から崇められる生き方をあこがれるのではなくて，逆に，人の命を下から支える生き方，助けを必要としている命とともに生きようとする生き方を追求しなさい，と主イエスは言っておられます．他の人の命のために自分の命をささげ，用いるという生き方です．主イエスはそのような生き方に徹せられたのです．今の時代，こうした生き方は若い人たちだけでなく，多くの人たちによって受け入れられることは難しいかもしれません．しかし，わたしたちが生きている世界は，それを必要としています．あなたもそこへと招かれています．

　主イエスから，高い地位の保証を得ようとしたゼベダイの妻やその子らのヤコブとヨハネ，そして同じ野心を抱いていた他の弟子たちは，思いがけなくも主によって新しい生き方を示され，今まで，自分たちが考えていたことが根底からひっくり返されることを経験しています．彼らは主の教えに従って生きることがどういうことかが，全くわかっていなかった自分たちであることに気づかされたことでしょう．

　二人の息子の母親はその後，どういう生き方をしたでしょうか．聖書を読み進んでいくと，母親はガリラヤからエルサレムまで，集団の世話をしながら主イエスについて行ったことがわかります．さらに主イエスの十字架の場面では，男の弟子たちが皆逃げてしまったのに対して，この母や他の女性たちは，十字架の主イエスを見守り続けました．さらに主の遺体の葬りにも立ち合いました．彼女は主イエスから離れることはありませんでした．

　主イエスを信じるとはどういうことか，主イエスに従うとはどういうことかは，はじめのうちはよくわかりません．錯覚や誤解も伴うし，自分の欲を信仰によって満たそうとすることもありま

す．しかし，それでも離れずに主イエスについて行くとき，主イエスと全く同じことはできなくても，主が，「それで良い，よくやった」と言ってくださる生き方をもって生涯を閉じることができるものとなるでしょう．よたよたしながらでも，主に従って行こうとする者を，主は愛して，決して見放されることはありません．そしてついには信仰の高みへと導かれるのです．その主イエス・キリストに見守られ，導かれて，主に従う歩みを続けたいと思います．この生き方は，言ってみれば地味です．決して派手さは伴いません．しかし，それこそが人としてこの地上に生を与えられた者の神の前でのあるべき姿なのです．

　　父なる神さま，わたしたちは，間違った動機で主イエスに近づいたり，信仰をもちたいと願ったりするものです．そのようなわたしたちを，主はさとされて，あるべき方向へと向きを変えさせてくださいます．神さま，もしわたしたちの心の内によこしまなものがありましたら，それを正してください．そして，真に主イエス・キリストに倣った生き方をすることができるように，導いてください．

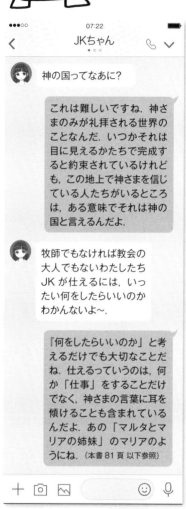

貧しいやもめの献金

── わずか二枚の貨幣でも

マルコによる福音書 12 章 41-44 節

　　イエスは賽銭箱の向かいに座って，群衆がそれに金を入れる様子を見ておられた．大勢の金持ちがたくさん入れていた．ところが，一人の貧しいやもめが来て，レプトン銅貨二枚，すなわち一クァドランスを入れた．イエスは，弟子たちを呼び寄せて言われた．「はっきり言っておく．この貧しいやもめは，賽銭箱に入れている人の中で，だれよりもたくさん入れた．皆は有り余る中から入れたが，この人は，乏しい中から自分の持っている物をすべて，生活費を全部入れたからである．」

　（ルカによる福音書 21 章 1-4 節）
　　イエスは目を上げて，金持ちたちが賽銭箱に献金を入れるのを見ておられた．そして，ある貧しいやもめがレプトン銅貨二枚を入れるのを見て，言われた．「確かに言っておくが，この貧しいやもめは，だれよりもたくさん入れた．あの金持ちたちは皆，有り余る中から献金したが，この人は，乏しい中から持っている生活費を全部入れたからである．」

　きょうは，一人のやもめについて考えてみましょう．同じ記事が，ルカによる福音書 21 章 1-4 節にも記されていますので，そ

れも参考に読んでください.

　短い物語の内容に入る前に，人間の価値や行為などの優劣を判断する時の基準・ものさしについて考えてみましょう．そうした判断基準の一つとして，ものの量や数というものがあります．たとえば，わかりやすい例をあげると，財産の多い少ない，知識の量の多少，社会的功績の大小，さらには体の大小さえもが，人間の価値や優劣を決定する基準として用いられることがあります．すなわち，大きいこと，多く持っていることが良いことであるといった，一つの誤った価値基準が，人を測り，集団を測ります．それのみで人を測ろうとするならば，社会は歪曲されてしまうでしょう．それとは逆に，小さいことや少ないことにも目を注ぎ，その中にある価値を見出そうとするありかたが，社会の健全さを取り戻すことにつながる場合があるのです．

　なぜ，今述べたような価値基準が誤っているのでしょうか，また，それに含まれる危険性とは何でしょうか．そのことについて考える時に示される一つのことは，ものの量や数や大きさによって価値を測るところ，そのような考え方が支配するところでは，いたずらな競争があおり立てられるということです．多くのものを持とうとするために，大きな力を持つようになるために，過激な競争がくり広げられます．しかも，競争相手をけ落とすために，手段を選ばない悪らつな方法や卑劣な策略が用いられることもあります．それによって多くの悲劇が起こり，いたましい犠牲者が生まれることもあります．数や量や大きさを第一とする価値観には，このような問題が含まれています．これは中学生，高校生のみなさんにもよくわかることであるに違いありません．

　さらに第二のこととして，このような価値基準がもっている危険性として考えられることは，この基準のもとで優秀であると判断される人々が，社会における成功者や勝利者として価値づけら

れ，逆に少なくしか持たない者，そういう者としてしか存在し得
ない者は，敗北者，無用な者と見なされるということです．前者
は勝ち組，後者は負け組となります．そのようにして社会におけ
る二極化や分断が，当然のように社会の構造となっていきます．
すでにわたしたちの社会には，勝ち組，負け組と言われる現象が
あることを知っています．このような社会では，他者の立場を重
んじながら共に生きるとか，互いに仕え合うことは極めて難しい
のです．人間同士が互いに他者を競争相手としか見ない社会，ま
たある一つの価値基準，ものさしのもとで，優れている者とそう
でないとされる者とがはっきり区別され，位置づけられる社会，
それは何と寒々とした社会でしょうか．

　さらにわたしたちが注意しなければならないことは，このよう
な片よった，そして危険な価値基準が，ときには教会の中にも忍
び込んでくることがある，ということです．若い人たちにはわか
りにくいかもしれませんが，信仰者であっても，そのような考え
方に侵される危険があるということをわきまえておくことは大切
です．わたしたちは，主イエスの血によって死から命へと贖いと
られたものとして，また，わたしたちのためにご自身を投げ出す
ほどに貧しくなられた主イエス・キリストに属するものとして，
何を第一のこととして生きるかをつねに主ご自身から示されて，
それに従って生きなければならない者たちなのです．主イエスが
かがんで弟子たちの足を洗われた「洗足」は，わたしたちの生き
方の見本として主が示してくださったものです．そのようなこと
を心に留めながら，きょうの聖書の物語に入っていきたいと思い
ます．

　マルコによる福音書 12 章 41-44 節の場面は，エルサレム神
殿でのことです．主イエスはそこで人々に教えをなさったあとに，
神殿で礼拝をささげ，賽銭箱に献金をしている人々の様子を見て

おられました．そして主イエスの心にとまったことをもとにして，弟子たちに大事なことを教えようとしておられます．それが41節以下の状況です．主イエスがどうして，一人ひとりの献金の様子を御覧になっていたのかは，よくわかりません．弟子たちに対する教育が目的であったのかもしれません．

　主イエスの目にとまったのは，まず大勢の金持ちたちの献金の姿でした．彼らは〈たくさん入れていた〉と記されています．そのささげものは確かに金額としては大きなものであったに違いありません．しかしそれは，主が鋭く見抜いておられるように〈有り余る中から入れた〉ものでした．それを献げても痛くもかゆくもないものを，金持ちたちは賽銭箱に入れていたのです．主イエスは今，そのような金持ちを批判してはおられません．しかし彼らの心の中にあるみえとか誇らしげな思いは，見抜いておられたかもしれません．当時賽銭箱に人がお金を入れるとき，そばに祭司がいて，ささげられているお金が，本ものであるかどうかを調べたり，献げられた金額を大きな声で人々に知らせたりしていたと言われています．そのために金持ちたちの献金の額は，周囲の人々にもわかりました．主イエスもそれによって献げられたものの額をお知りになったのでしょう．こんにちの教会の礼拝では考えられないことですね．

　次に主イエスの目にとまったのは，夫を亡くした貧しいやもめのささげものをする姿です．彼女のささげものはレプトン銅貨2枚でした．レプトンというのは当時の貨幣の単位で，最も小さいものです．1レプトンは，当時大人が働いて得られる一日の賃金（1デナリオン）の28分の1に相当します．きょうのお金に換算するのは難しいですが，50円から60円位であろうと推測する学者もいます．それ以下かもしれません．金持ちがささげるものに比べると，本当に少ないものでした．その金額が，賽銭箱のそばに

いる祭司によって大声で人々に告げられると，恥ずかしいと思う
ような額であったに違いありません．しかし，わたしたちは，そ
のように小さな額しかささげられない人が，それでも献金をして
いることを，大事なこととして考えなければなりません．

　主イエスはこのやもめの献金額，いや，やもめそのものを無視
することはなさいません．人々は，彼女の献金も，そして彼女自
身をも無視するかもしれません．彼女は実際，人々から無視され
ていたのでしょう．彼女の姿が町の中から消えてもだれも気にし
ないような，ほんとうに小さな存在でしかありませんでした．

　しかし主イエスはこの貧しいやもめと，そのささげものを無視
することはなさいませんでした．彼女のささげものは，他の金持
ちと比べるならば，その額においては，確かにあまりにも小さい
ものでしかなかったのです．しかし，主は，その小ささそのもの
について論じるのではなくて，むしろそのささげもの（お金）が，
彼女の生活においてどのような位置を占めているかということに
目を向けられるのです．その主のまなざしは鋭いものであると同
時に，温かいものでした．主イエスはこのように言っておられま
す．〈この貧しいやもめは，賽銭箱に入れている人の中で，だれ
よりもたくさん入れた．皆は有り余る中から入れたが，この人は，
乏しい中から自分の持っている物をすべて，生活費を全部入れた
からである〉（43－44節）．

　主イエスは彼女がささげたレプトン二つが，彼女にとってその
日の生活費のすべてであることをご存じでした．それをささげれ
ば，彼女はその日，文字どおり一文無しになってしまいます．そ
のことを承知で，彼女はそれをささげました．2枚のうち1枚を
自分のために取っておき，残りの1枚だけをささげることもでき
たのに，彼女は2枚すべてをささげたのです．その2枚とい
う数字が，意味をもっています．それゆえに主は，「この貧しい

やもめは，だれよりもたくさん入れた」と言っておられるのです．主イエスはここで表面に表れている金額だけを見るということをしてはおられません．もし金額の大きさという基準で測るならば，金持ちのささげものが圧倒的に多く，やもめのささげものは取るにたらないものです．多い少ないを価値判断の基準とするならば，金持ちの信仰はすぐれており，やもめの信仰は劣っている，ということになります．

　さらに，やもめ自身が，自分のささげものを他の人のものと比較する心をもっていたら，賽銭箱に近づくことはできなかったかもしれません．しかし彼女にはそういう心は全くなく，今，自分にできうるかぎりのささげものをするという思いしかなかったのです．それをささげてしまえば自分の生活がどうなるかも顧みないで，ただそのときできるかぎりのささげものをしたにすぎないのです．それはどんなに貧しくても，自分は神によって生かされている，神の恵みの中にあるということを信じることによる感謝から生まれたささげものであったに違いありません．他の人を見ず，神のみを見て，「神さま，今わたしがささげることができるすべてをおささげします」との思いの中でささげられたレプトン2枚でした．主イエスは，そのことを鋭く見抜いておられるのです．

　わたしたちはこの出来事から何を聞きとるべきでしょうか．わたしたちは何よりも，信仰は神と自分との関係のことがらである，ということ聴き取りたいと思います．信仰の世界には，他者との比較や競争の原理が入りこむ余地はないのです．今，このわたしが，神に対してどのように向き合うか，神への真実と誠実は，自分にとってはどのようにあるべきかを，祈りつつ問い，それに対して示された神のみ心に素直に従うことこそが求められます．働きや奉仕の多さとか，はなやかさや目立つことを求める必要はあ

りません。今，この自分にできる神への最高の奉仕はこれだと確信できることに，真心をこめてあたればよいのです。

　サムエル記上16章7節に次のように記されています。主は〈人間が見るようには見ない。人は目に映ることを見るが，主は心によって見る〉。

　わたしの弱さもたりなさも醜さ^{みにく}もすべてご存じの主なる神が，小さなささげもの，奉仕，働きであっても，受けとめてくださり，ご自身の計画のために用いてくださるとは，なんと大きな驚きであり，喜びでしょうか。わたしたち一人ひとりは，今，神の前にあっていかに生きるべきか，また，今わたしにできる服従のあり方は何であるかを探っていきたいと思います。そして，神が示してくださっていることがなんであるかがわかったときに，そのことを誠実に果たすものでありたいと願います。他の人との比較は必要ありません。中学生，高校生一人ひとりにも，その人しかできない何かが神によって用意されているに違いありません。それをぜひ見出してください。

　神さま，あなたは人をご自身の姿に似せて造られました。しかし神と向き合うものとして造られたことにおいては同じであっても，実際は，わたしたちが生きていくときには，それぞれが異なった神との関り方があるはずです。その違いをあなたは受け入れてくださいます。わたしは自分に与えられた賜物^{たまもの}をもって，あなたのために働くものとさせてください。

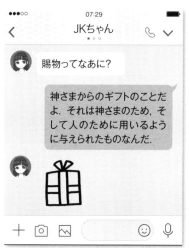

Q&A

JKちゃん　07:29

賜物ってなあに？

神さまからのギフトのことだよ．それは神さまのため，そして人のために用いるように与えられたものなんだ．

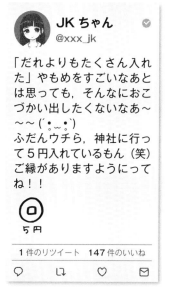

つぶやき

JK ちゃん
@xxx_jk

「だれよりもたくさん入れた」やもめをすごいなあとは思っても，そんなにおこづかい出したくないなあ〜〜（´•ω•`）
ふだんウチら，神社に行って５円入れているもん（笑）ご縁がありますようにってね！！

５円

1件のリツイート　147件のいいね

主イエスに高価な香油を注ぐ女性

―― 行為が示す主への愛

マルコによる福音書 14 章 3−9 節

　　イエスがベタニアで重い皮膚病の人シモンの家にいて，食事の席に着いておられたとき，一人の女が，純粋で非常に高価なナルドの香油の入った石膏の壺を持って来て，それを壊し，香油をイエスの頭に注ぎかけた．そこにいた人の何人かが，憤慨して互いに言った．「なぜ，こんなに香油を無駄遣いしたのか．この香油は三百デナリオン以上に売って，貧しい人々に施すことができたのに．」そして，彼女を厳しくとがめた．イエスは言われた．「するままにさせておきなさい．なぜ，この人を困らせるのか．わたしに良いことをしてくれたのだ．貧しい人々はいつもあなたがたと一緒にいるから，したいときに良いことをしてやれる．しかし，わたしはいつも一緒にいるわけではない．この人はできるかぎりのことをした．つまり，前もってわたしの体に香油を注ぎ，埋葬の準備をしてくれた．はっきり言っておく．世界中どこでも，福音が宣べ伝えられる所では，この人のしたことも記念として語り伝えられるだろう．」

　きょう，わたしたちがご一緒に考えようとしている新約聖書の中の女性は，主イエスに香油を注いだ人です．それぞれの福音書に，内容が少しずつ異なる同じような物語が記されていますが，

きょうは，マルコによる福音書
の記事によってこの女性につい
てご一緒に考えてみましょう．

香油って？

アロマオイルのようなものかな

　時期は，14 章 1 節にあるよ
うに，ユダヤの国の春先の大きな祭りである過越祭と除酵祭の二
日前です．その二日後に主イエスは捕らえられて，十字架につけ
られて亡くなられます．つまり，この香油注ぎは，主イエスの死
の二日前のことです．今の時代の教会の暦で言えば，受難週（復
活節の前の週）の水曜日にあたります．その二日後の金曜日に主イ
エスは捕らえられて十字架の上にはりつけにされて，死なれます．
主イエスの死が迫っている中で起こった印象深い出来事，それが
一女性による香油注ぎです．

　主イエスは今，エルサレムの都からそう遠くないベタニアの村
のシモンの家で，夕食をとっておられます．シモンは，かつて重
い皮ふ病にかかっていましたが，今はそれもすっかり治って，他
の人と自由に接触することが許される状態にあります．主イエス
は昼間，エルサレムの町で神の国のことについて人々に話をな
さったあと，夕方にはベタニアのシモンの家に戻って，食事や夜
の休みをとる，という生活をしておられました．

　その夕食の時に思いがけないことが起こりました．それは，一
人の女性が主イエスの食事の席にやって来て，高価な香油を主の
頭に注ぎかけるという出来事です．この女性がどのような人であ
るのか，名前は何というのかについては，マルコによる福音書は
何も記していません．主イエスもこの女性について〈この人〉（6
節）と言われるだけで，名前は口にしてはおられません．しかし
主は，この女性と彼女が主に対してしたことを，深く胸に刻んで
死へと向かっていかれます．彼女は，名前は残しませんでしたが，
よい行為を残しました．彼女にとってはそれで十分なのです．い

や，彼女は歴史に名を残すということなど全く考えてはおらず，今，主イエスにささげたいと思うものをそのままささげたのです．

　ここで主に注がれた香油は，ナルドの香油と呼ばれ，非常に高価なものでした．この女性の行為に憤慨した人々が，これは300デナリオン以上に売れると言っていることからも，その高価さが推測されます．1デナリオンは当時の労働者が一日働いて得られる賃金に相当する額です．ということは，300デナリオンは，だいたい一人の一年分の労働賃金に相当する額であると推測することができます．このことから，注がれた香油の価値をある程度推測することができます．

　女性は，その香油の入った石こうの小さなつぼを主イエスの前で壊して，中の香油をすべて主イエスの頭に注ぎかけたのです．この油はべとつくものではなく，さらさらした香りの良い油でした．部屋中に，ナルドの香油の良い香りが漂ったに違いありません．主イエスとこの女性との間にどんな言葉が交わされたかはわかりませんが，周りにいた人々，その中には弟子たちもいたのですが，いきなりのことにあ然として，ただ眺める以外になかったのでしょう．

　そのあとのことが4節以下に記されています．彼女の行為は，人々には常軌を逸したものとして映りました．そして彼らは憤慨して言っています．〈なぜ，こんなに香油を無駄遣いしたのか，この香油は300デナリオン以上に売って，貧しい人々に施すことができたのに〉．そのようにして彼女をきびしくとがめています．この世の損得勘定から言えば，彼らの言っていることは間違っていません．それは正論です．常識や一般の通念から言えば，彼らの言っていることの方がまともであるかもしれません．このような形で香油を使うのは無駄であり，それを売って貧しい人々に施す行為は，愛の実践として肯定され，良いこと，また美しいこ

ととして，多くの人々に受け入れられるのでしょう．わたしたちがもしそばにいたら，同じように考えるかもしれません．

　しかし意外なことに主イエスの受けとめ方は，人々とは全く異なるものでした．主イエスは，主の周りにいて，批判の目で主と女性を見つめている人々に，彼らの考え方の中にある過ちを指摘されます．そして主ご自身にとって，この女性の行為がどんな意味をもっているかを説いて聞かせられるのです．

　主イエスは，何よりも，彼女の行為を否定しておられません．それどころか，彼女のすべてを受け入れておられます．それは次の言葉によく表されています．〈するままにさせておきなさい．なぜ，この人を困らせるのか．わたしに良いことをしてくれたのだ〉（6節）．これらの言葉は彼女の行為を受容し，彼女自身を受容しておられる主のお心を示すものです．この女性にとって，主イエスに対して何かして差し上げることはないかと自らに問い，そして見出したことが，今自分が持っている高価な香油を主に注ぎかけることでした．彼女はそのことを実行に移し，惜しげもなく香油を主に注いでいるのです．それは主イエスに対する愛を示しています．愛は自分の持っている最高のものを相手にささげようとするものです．主はそれをとがめることはなさいませんでした．すべて受けとめてくださっています．

　さらに驚くべきことに，この香油注ぎに主は思いもかけない意義づけをしておられます．それが次の言葉です．〈この人はできるかぎりのことをした．つまり，前もってわたしの体に香油を注ぎ，埋葬の準備をしてくれた〉（8節）．これはどういう意味でしょうか．それは，イスラエルにおける葬りの習慣に関係しています．イスラエルの国では，死体を葬る場合，死体に香油を塗布して死臭を抑えるということをします．主の復活の朝，女性たちが主イエスの葬りの時にはできなかったこの香油塗りをおこなうため

に，主イエスの墓に出かけたということは，わたしたちがよく知っ
ていることです（マルコによる福音書 16 章 1 節参照）．主イエスは今，
人々に葬りの時には死体に香油を塗る習慣があることを思い起こ
させながら，この女性は，二日後に死んで葬られるわたしの体に，
前もって香油を注いで葬りの備えをしてくれたのだ，と言ってお
られるのです．実際は，ある人が死のうとするときに，前もって
その人の体に香油を塗って，葬りの準備をするということは，一
般的にはしないようです．しかし主は，この女性の行為を目前に
迫ったご自分の死との関連によって受けとめて，そのように意義
づけ，評価しておられるのです．「わたしに良いことをしてくれた」
とは，今述べたような意味で，時宜にかなった，ふさわしいこと
であったと言われるのです．主イエス・キリストのみがなさるこ
とのできる評価です．

　しかし，彼女は実際，どういうつもりでこのことをしたので
しょうか．主イエスが言っておられるような意図をもっていたの
でしょうか．彼女は何も語っていません．もしかすると彼女は，
主イエスがこれまでに人々や弟子たちに語ってこられたことをと
おして，鋭い感受性をもって，主の死が近いことを感じとってい
たのかもしれません．そしてベタニアの村に来られた主イエスに
感謝の気持ちを表すために何ができるだろうか，そのために自分
が何かをすることができるだろうか，その機会はあるだろうかと
思いをめぐらしていたのです．そして，自分にできることは，今，
これしかないという深い思いをもって，香油を持ってきて，それ
を主イエスに注いだのです．「今できることを今しなければなら
ない，先送りしてはならない」という信仰の大切な一面を彼女は
示してくれていると言ってよいでしょう．

　わたしたちは，彼女の行動の動機や目的は，主イエスの説明以
外には記されていないので，主イエスの視点からのみ理解する以

外にありません．主はこのように彼女の思いや願いをはるかに超えたことを，彼女の行為の中に見出し，価値づけ，人々に説明しておられるのです．「人々が主張している貧しい人たちは，これからもずっとそば近くにいる．だから施しをすることが大切だと考えるなら，これから後もそうすることはできる．しかしわたしは二日後には十字架上で死に，墓に葬られる．それはせっぱつまっているし，一回かぎりしかないことである．この女性はそのことを察知してできるかぎりのことをした，彼女を責めてはならない」と主は語られます．

　主イエスは，こうして彼女をかばい，その行為を意味づけておられます．それは信仰的な意義づけです．

　さらに人々に，信仰とは神に対して今できることを先延ばしせずに今おこなうことであるということを教えておられるのです．

　先週は，マルコによる福音書 12 章 41–44 節から，最も小さい貨幣であるレプトンを 2 枚，神にささげた貧しいやもめを，主は「だれよりもたくさんささげた」と言われたことを聴きました．そしてきょうの聖書箇所では，高価な香油を主に注いで，人々から無駄使いだと批判された女性の行為を，主は，「彼女は今，自分にできるかぎりのことをした」と受けとめておられる物語を聴きました．二人とも，全力を尽くし，自己の人格を傾けて神のため，主のために行動した女性です．計算ずくではないその愚かなほどのひたむきさを，主イエスは歓迎し喜んでおられます．

　主イエスに対する奉仕は，他の人々から見れば，無駄に思えるかもしれません．主イエスはささげものや行為の大きさ，はなやかさを求められることはありません．神に対して自分にできるかぎりのことをする，自分にはこれしかないと思えるものをそのまま主の前に差し出す，それが主に仕えるということです．それならばわたしたちも何かすることができます．自分の中にあるもの

をそのままささげればよいのです．その時，主はわたしたち自身
が考える以上の意味を，その行為やささげものに添えて受けとっ
てくださるでしょう．わたしたちの教会にも，ナルドの香油の香
りを満ちあふれさせたいと思います．みなさんの中学校，高等学
校の中にも，その香りを満ち溢れさせてください．

　　十字架の上でご自身をささげられた主イエス・キリストの父な
る神さま，わたしたちは，主に倣って生きようとしても，主と同
じことをすることはできません．しかし，わたしたちが持ってい
るものをそのままささげるとき，神さまはきっとそれを受けとめ
て，何かの役に立つように用いてくださるに違いありません．わ
たしたちをいくらかでもあなたのご用のために用いてください．

JK ちゃん
@xxx_jk

わたしも大事な人に，持っているかぎりの香油を注ぐ人になりたいな♥笑　それにしても，教会に行ったらナルドのアロマオイル嗅げるのかな？　嗅いでみたい(笑)

3件のリツイート　969件のいいね

●●●○○　　08:03

< 　　JKちゃん　📞 ∨

 福音書ってなあに？

イエス・キリストについての伝記のようなものだけれども，実際は「イエス・キリストはどういうお方か」ということを告白している信仰の文書なんだね．イエスさまの死後，弟子たちが急いでまとめたんだ．そういう文書だから，イエス・キリストを信じようとして読むことが大切なんだよ．

 福音書はいくつあるの？

マタイ，マルコ，ルカ，ヨハネの四つだよ．初代の教会で，この四つがイエス・キリストを正しく言い表しているものとして認められたんだ．イエス・キリストについて書いているものだからほぼ同じ内容のはずなのに，書き手によって用いた歴史的資料（言い伝え）が違っていたり，強調点が異なっているんだ．だから同じ箇所を読み比べてみるとおもしろいし，イエスさまのことがさらに立体的に見えてくるよ．

 だれが書いたの？

それぞれの文書の題名になっている人が書いたと考えられているんだ．けれども，真の書き手は，その人たちを用いて書かせた神さまなんだね．〈聖書はすべて神の霊の導きの下に書かれ〉（テモテへの手紙二 3 章 16 節）と記されているよ．

＋ 📷 🖼 　　　　 ☺ 🎤

＼聖書マメ知識／

Q　過越祭や除酵祭ってなあに？

A　これはイスラエルの国において春先におこなわれる最大の祭り
　で，モーセの時代にイスラエルの民が，エジプトから救い出さ
　れたことを記念するものなんだよ．
　　もともと二つの祭りの起源は異なったものなんだけれども，イ
　エスさまの時代には一つのように祝われていたんだ．ルカによ
　る福音書22章1節に「過越祭と言われている除酵祭」と記さ
　れているようにね．
　　この祭りでは，ほふった子羊を食したり，酵母を入れないパン
　を食べたりすることが決められていたんだよ．

Q　酵母を入れないパンってなあに？

A　パンはふつう酵母を入れてふくらませて作るものだけれども，
　急いでいるときにはふくらむ時間が惜しいために，酵母を入れ
　ないで作ることもあるんだ．ふくらまないから，パイみたいな
　ものになるのかな．遠い昔，イスラエルの人たちが長いエジプ
　トでの生活から脱出するときは，あわただしい中でこのパンを
　作ったんだよ．イエスさまの時代にもそのことを記念する祭り
　が行われていたんだね．

復活の証人・マグダラのマリア

―― 墓での出会い

ヨハネによる福音書 20 章 11—18 節

　マリアは墓の外に立って泣いていた．泣きながら身をかがめて墓の中を見ると，イエスの遺体の置いてあった所に，白い衣を着た二人の天使が見えた．一人は頭の方に，もう一人は足の方に座っていた．天使たちが，「婦人よ，なぜ泣いているのか」と言うと，マリアは言った．「わたしの主が取り去られました．どこに置かれているのか，わたしには分かりません．」こう言いながら後ろを振り向くと，イエスの立っておられるのが見えた．しかし，それがイエスだとは分からなかった．イエスは言われた．「婦人よ，なぜ泣いているのか．だれを捜しているのか.」マリアは，園丁だと思って言った．「あなたがあの方を運び去ったのでしたら，どこに置いたのか教えてください．わたしが，あの方を引き取ります.」イエスが，「マリア」と言われると，彼女は振り向いて，ヘブライ語で，「ラボニ」と言った．「先生」という意味である．イエスは言われた．「わたしにすがりつくのはよしなさい．まだ父のもとへ上っていないのだから．わたしの兄弟たちのところへ行って，こう言いなさい．『わたしの父であり，あなたがたの父である方，また，わたしの神であり，あなたがたの神である方のところへわたしは上る』と.」マグダラのマリアは弟子たちのところへ行って，「わたしは主を見ました」と告げ，また，主から言われたことを伝えた．

　きょうの礼拝は，先に，天に召された方々を偲び記念する，召
天者記念礼拝です．また，7月から8月は，遺愛学院生のために
新約聖書に登場する女性について考える礼拝としています．その
二つのことを考慮して，主イエス・キリストが復活後に，最初に
出会われた女性であるマグダラのマリアのことについて考えるこ
とにしました．

　11節に登場するマリアは，主イエス・キリストの母であるマリ
アではなく，マグダラのマリアとよばれる女性のことです（1
節）．彼女は主イエスによって，自分にとりついていた悪霊を追
い出していただいたあと，主イエスに従い始めた女性です．彼女
は主イエスが十字架にはりつけにされた時にも，主のそばにいま
したし（ヨハネによる福音書19章25節），主イエスの墓への葬りの
時にも立ち合いました．そして主が葬られた日（金曜日）の三日
後（日曜日）に，彼女は主イエスの遺体に香油を塗るために墓に
出かけて行ったのです（1節）．

　しかし，思いがけないことが墓で起こっていました．主が葬ら
れた墓が空っぽになっていたのです．驚いたマリアは男の弟子た
ちにそのことを報告したあと，再び墓に戻ってきました．彼女は
何もすることがなく，墓の外でただ泣くほかなかったのです．し
かし，もう一度墓の中をのぞいてみると，そこには白い衣を着た
二人の天使がいました．不思議な光景です．天使たちはマリアに，
「婦人よ，なぜ泣いているのか」と問いかけています．マリアは
それに対して，こう答えています．「わたしの主が取り去られま
した．どこに置かれているのか，わたしにはわかりません」．困
惑と悲しみに満ちた言葉です．

　そう語った後，何かの気配を感じたのか，彼女がうしろを振り
向くと，そこには主イエスが立っておられました．しかしマリア
はその人が主イエスだとはまだ気がついていません．主は，「婦

人よ，なぜ泣いているのか．だれを捜しているのか」と問いかけられました．マリアは，その人が園丁（墓がある園の番人）だと思って，「この墓に葬られた方の遺体が墓から消えました，もしあなたがどこかに移したのでしたら教えてください．わたしが引き取ります」と申し出ています．この言葉の中に主イエスへの一途な愛が表されています．

　マリアにとっては，主イエスはすでに死者の世界に属するお方となっています．生きたお方ではなくて，死んでしまった方，死体としてしか存在せず，いわば物のような存在になってしまっている方なのです．だから運び去るとか，引きとるということが考えられるのです．そのため，目の前に立っておられる主イエスを，まだ早朝の暗さが残っている時間帯だとは言え（1節），正しく見つめることができなかったのです．その方が主イエスだとはわからなかったのです．それは当然と言えば当然です．

　このことは，マグダラのマリアのみが抱えている弱さなのではなくて，すべての人が同じように反応するに違いないことです．いくら主イエスが生前，三度にわたって，ご自分の十字架の死とそのあとのよみがえりについて語られたとしても，弟子たちや主に従っていた女性たちは，それが現実に起こるとは信じることができなかったに違いありません．それほどに，死者が復活するということは信じ難いことなのです．そのことを考えると，誰もマリアを責めることはできません．みな同じなのです．むしろ，朝早くから墓に出かけたマリアの主イエスへの愛と信仰の情熱に目を向けるべきでしょう．

　そのようなマリアが，復活の主イエスに気がつくのは，主イエスからの働きかけによるものでした．主イエスの最初の「婦人よ」という呼びかけでは何も変化が起こらなかったマリアでしたが，次に主イエスが「マリア」と呼びかけられたときには，即座

に彼女は振り返って「ラボ
ニ」，つまり「わたしの先生」
と，かつて主イエスを呼んで
いたのと同じ呼び方で答えて
います．呼びかけの声と言葉
によって，自分に呼びかけて
いる方が，主イエス・キリス
トであることに気がついたの
です．ここで初めてマリアは，死体としての主イエス・キリスト
ではなく，生きておられるお方としての主イエス・キリストを見
出しました．今まで主イエスが自分を呼んでくださるときには，
いつも「マリア」でした．この同じ呼び方で自分を呼んでくださ
る主イエスに気づき，主は墓から出られたのだ，生きておられる
と彼女は知ったのです．いつもの声と呼び方によって，死の壁が
一気に乗り越えられて，マリアは主イエスに対して，以前と同じ
信頼と愛情に満ちた人格関係に戻ることができています．驚くべ
きことが起こっています．

　この大きな方向転換は，主イエス・キリストご自身の働きかけ
によって引き起こされた出来事です．生けるキリストの存在，生
けるキリストの働きかけによって，マリアは見つめるべき方向を
転換させられ，主イエスとの新しい関係に招き入れられたのです．
かつて主イエスはご自身を良い羊飼いにたとえて語られたことが
ありました（ヨハネによる福音書10章）．そこで主は，「良い羊飼い
は自分の羊の名を呼ぶ」とお語りになりました．まさしく主は今，
主イエスに属するひとりの羊の名を呼んで，「マリアよ，心配し
ないでよい．わたしはいつもあなたと共にいる」ということを，
示してくださっているのです．さらに，ヨハネによる福音書10
章4節には，〈羊はその羊飼いの声を知っているので，ついて行く〉

とも記されています．マリアは今，聞きなれた主の声に引き寄せられるように，主のもとに近づいて行きます．

　わたしたちはここで，主イエス・キリストに関しての一つの真理を示されます．それは，よみがえられた主イエス・キリストは，マリアの背後に立っておられたように，わたしたちが向いている方向とは反対側に，つまりわたしたちの背後にもいてくださるという真理です．わたしたちは多くの場合，主イエスをわたしたちが従っていくべき信仰の目標として，自分の前におられるお方と定めて，そのお方に従って行こうとします．しかし，主イエスはわたしたちが向かっていこうとしている先にだけおられるのではなくて，時には，あるいは，しばしば，わたしたちの背後におられて，うしろからわたしたちに呼びかけてくださり，わたしたちの向きを変えさせてくださることもあるのです．あるいは，うしろからわたしたちの体を支えて，わたしたちを向かうべき方向へと押し出してくださるということもあるのです．

　ある人が次のようなことを述べています．「わたしは，いつも自分と神さまとは向かい合っているものとばかり思っていたけれども，それは間違っていました．神さまは自分のうしろにもおられるということに気づきました．神さまは，自分の下にさえおられることに気づきました」．この言葉どおり，主イエスのまなざしは，前からも，後ろからも，そして上からも下からも，わたしたちの助けと守りのために注がれています．「主よ」と呼びかけるとき，主はふさわしい方向から，わたしたちの名を呼んで応えてくださるでしょう．そしてわたしたちを向かうべき道へと導いてくださるのです．

　さて，マグダラのマリアは，今目の前におられるお方が主イエス・キリストであるとわかったとき，主イエスにすがりつこうとしました．しかし主はそれを押し止めて，彼女に新しい使命を授

けて，主のもとから遣わそうとしておられます．主はこの後，天
の父なる神のもとに昇って行かれます．マリアは地上に残された
ものとして，主イエスが死からよみがえって墓を出られたこと，
そして天に昇って行かれることを人々に伝える働きを，主から託
されています．主イエスとマリアの関係は，今新しい段階に入っ
ています．彼女は，主に用いられることを喜びとして，主の復活
の証人としての働きへと向かうのです．

　もう一度マリアの変化を見てみましょう．マリアは愛する主イ
エスを失って悲しみにひたっていました．さらに，主が葬られた
墓がからになっていることによって，大きな戸惑いの中にありま
した．しかし，今，新しい命に生きておられる主イエスに出会う
ことによって，彼女の主を信じる信仰は，一段上へと上げられま
した．それは彼女に死を超えた復活の命を信じる信仰が与えられ
たことであり，さらに復活の主がいつでも自分のそばにいてくだ
さるとの確信に満ちた信仰へと導かれたことです．その強められ，
高められた信仰が今，彼女を復活の証人として，主のもとから飛
び立たせているのです．

　愛する者を亡くした人が，悲しみを乗り越えて力強く生きるも
のとなるのは，何によるのでしょうか．それはマグダラのマリア
に起こったことと同じことによるのです．主イエスの死からのよ
みがえりによって，また，復活の主に出会うことによって，わた
したちは，主に結びついた者たちにも起こる死から新しい命への
移行を信じることができるものとされます．それがあとに残され
た者たち，そして今生きている者たちにとっての唯一の希望の根
拠なのです．人生の結末は死という別れの悲しみがあるのみであ
るという考えに対して，主ははっきりと「否！」「そうではない」
と言ってくださっているのです．「死からの復活があるのだ」，ま
た「よみがえったわたしがいつもあなたと共にいる」ということ

を示すことによって，主はわたしたちを励ましておられます．そしてその上で，「あなたも，主の復活の証人として生きよ」と主のもとから送り出そうとしておられます．中学生や高校生にとって，死とか復活ということは，まだほど遠いものとしてしか考えられないかもしれません．しかし，いずれ自分自身のことになってくるのですから，そのことについての聖書の教えに対する理解を，少しずつ深めていただきたいと思います．

　マグダラのマリアは誰よりも早く，主の復活の証人としての務めに生きる者とされました．主から離れないでいたことが彼女を新しい務めへと導いたのです．わたしたちに対しても，主は同じことを求めておられます．復活の主は，「わたしから離れないで生きなさい．そして悲しみと絶望の中にある人に，わたしが共にいることを知らせる働きをしてほしい」と一人ひとりに求めておられます．先に地上を去って神のもとに召された召天者を記念するこの日，わたしたちは改めて聖書のみ言葉から復活の主との出会いを与えられています．そして復活の主から託された使命を新たに覚えるものです．その使命は，わたしたちが新しい命を約束された者として平安と希望のうちに，主に従う歩みを続けることによって果たされます．復活の希望に生きる信仰者の姿が，死のあとに不安と恐怖を覚えている人々に，復活の命を証しするものとなるのです．あなたもその信仰に招かれています．

　死からよみがえられたイエス・キリストの父なる神さま，死からの復活がどれほど大きな意味をもっているか，わたしたちにはまだわからない面があります．しかし，聖書はそのことを何よりも大切なこととして訴えています．わたしたちも必ず死の時を迎

えます．死と復活を考えることによって，今を生きるわたしたち
の生に，新しい方向性を与えてください．復活を信じる人たちの
信仰を大切なものと考えることができるようにしてください．

Q&A

新しい命ってなあに？
だって死んだらオワリ
じゃないの？

イエスさまに結びついた人には，
イエスさまが死からよみがえって新
しい命に移されたように，死のあと
の命が約束されているんだ．それ
が新しい命っていうこと！

う〜ん，わかんない（笑）

つぶやき

JKちゃん
@xxx_jk

マリアが復活の証人の役割
をもらえたのは，ずっとイ
エスさまのお墓のそばにい
たからなのかな？　JKが
自分の仕え方をみつけるに
は，マリアみたいに，イエ
スさまのそばにいることが
必要なんだね (*´ ` *)

72件のリツイート　4000件のいいね

マルタとマリアの姉妹

── 人生における優先順位

ルカによる福音書 10 章 38-42 節

　一行が歩いて行くうち，イエスはある村にお入りになった．すると，マルタという女が，イエスを家に迎え入れた．彼女にはマリアという姉妹がいた．マリアは主の足もとに座って，その話に聞き入っていた．マルタは，いろいろのもてなしのためせわしく立ち働いていたが，そばに近寄って言った．「主よ，わたしの姉妹はわたしだけにもてなしをさせていますが，何ともお思いになりませんか．手伝ってくれるようにおっしゃってください．」主はお答えになった．「マルタ，マルタ，あなたは多くのことに思い悩み，心を乱している．しかし，必要なことはただ一つだけである．マリアは良い方を選んだ．それを取り上げてはならない．」

　新約聖書における女性に関しての説教として，きょうはよく知られているマルタとマリアの姉妹について考えてみましょう．この姉妹は性格の異なる女性として描かれています．そして聖書を読む人においても，二人の女性のそれぞれのイメージが，いつの間にか定まっているということもあるかもしれません．それは次のようなものです．

　姉のマルタに関しては，活動的，行動的であり，また，実際的，

家庭的で，世話好きの気のよい女性というイメージができあがっています．一方，妹のマリアは，物静かな，口数の少ない，瞑想を好む女性であり，内面的で，信仰に向いた性格であると評価されたりします．このような分析をしながら，さらに二人の異なる性格や気質を比較して，「自分はどちらのタイプの女性であろうか」と考えたり，「わたしはマルタの方が好きだ」とか，「いやマリアの方がいい」といった話題にまで広がってしまうこともあります．そしてとうとう主イエスの好みのタイプの女性は，マリアの方だといった結論が出されることもあるのです．「わたしたちはマリアには及ばないから，この集まりを《マルタ会》と名付けよう」といって，その名称をもつ教会内の女性の集まりができた教会もあります．

　こうしたことは，話題としてはおもしろいかもしれませんが，このマルタとマリアの物語の理解として，そのレベルで留まるのではなく，さらに深く二人の生き方に入り込まなければなりません．この物語は人の性格を論じているものではないのです．主イエスは人の性格や気質の良し悪しを論じたり，それを批判したりはなさいません．むしろそれぞれの性格や気質を重んじてくださるお方です．主イエスは一人ひとりに個性的に関わってくださるお方です．大事なことは，一人ひとりの性格ではなくて，いろいろな性格をもっているそれぞれが，主イエスとどのように関わるかということなのです．そういった視点からこの物語の教えに耳を傾けたいと思います．

　この物語の状況を考えてみましょう．主イエスの一行が旅をしている途中で，ある村に来られました．そこにきょうの出来事の舞台となるマルタとマリアの家がありました．この村はヨハネによる福音書などを参考にして考えますと，ベタニアという村であると推測されます．この村はエルサレムに近いところにあります．

主イエスがエルサレムに近づいてこられるということは，主イエスの十字架の死が近づいてきているということでもあります。

　この村に入ると，主イエスはマルタとマリアの姉妹の家に迎え入れられました。そのあと，妹のマリアは主イエスの足もとに座って，主イエスが語られるみ言葉（教え）に聞き入っていました。一方，マルタは，主とその弟子たちの接待に夢中で，主イエスのお話を聞くどころではなく，忙しくて心を取り乱していました（40節）。二人の姉妹の対照的な様子がさりげない筆遣いで描かれています。

　この状況の中で，姉マルタのいらいらがつのって，ついに小さな怒りが爆発しました。それはマリアと主イエスに対する不満という形で表されています。マルタはマリアに対しては，「わたしだけにもてなしをさせている」「わたしの手伝いをすべきである」と考えています。一方，主イエスに対しては，この状況を「何ともお思いになりませんか」と主イエスの鈍感さを批判しています。自分と同じように接待の働きはせず，座って主の教えに聞き入っているマリアも，それを許している主イエスも，どこか間違っている，この場ではまず，主イエスと弟子たちのもてなしに心と体を用いるべきだ，それが姉マルタの思いでした。この家をとりしきっている自分の指示に従ってほしいというのが，マルタの要求です。

　一般的には，マルタの主張もうなずける面があります。ここにいる中学生，高校生のみなさんも，自分たち姉妹の間で，これとよく似た思いにさせられることがあるかもしれませんね。しかしわたしたちは，ここで家に迎え入れられた方が主イエスであることを忘れてはなりません。一般的な客人のもてなし方についての問題が提起されているのではないのです。端的に言えば，主イエスを迎え入れるとはどういうことか，そこに主イエスがおられる

ときに主イエスへのもっとも
ふさわしい関わりはいかなる
ものであるべきか，そうした
観点からこの物語を読まなけ
ればならない，ということです．

　そのとき，主イエスがどの
ような務めをもって，今，旅
をしておられるかということ
が，問題を解く重要なカギと
なります．主イエスの務めは
何か．それは神のみ言葉を語ること，神の教えを語ることによっ
て人に仕えることでした．そしてそのための時間もあまり残され
てはいないのです．そうであれば，主イエスの最も重要な務め，
つまりみ言葉を語るということが最大限になされるために仕える
ことこそが，人が主に対してなすことのできる最もふさわしい応
答ということになるのではないでしょうか．つまりそれは，主イ
エスが語られることに熱心に聞くということです．主イエスがご
自身の務めを果たされるためには，人間の開かれた耳が必要です．
わたしたちはまず「耳をもって主に仕えよ」と求められているの
です．使徒パウロも〈実に，信仰は聞くことにより，しかも，キ
リストの言葉を聞くことによって始まるのです〉（ローマの信徒へ
の手紙 10 章 17 節）と述べているとおりです．

　そのように考えてくると，この時のマリアの姿はとがめられる
べきことではなくて，主イエスに対する最もふさわしい応答をし
ていると言うべきでしょう．マルタはそのようなマリアの姿勢を
批判し，崩そうとしていることになります．恵みの機会をマリア
から奪おうとしていると言われてもしかたがないでしょう．それ
ゆえ主イエスは，マルタをやさしく戒め，さとされるのです．〈マ

ルタ，マルタ，あなたは多くのことに思い悩み，心を乱している．しかし，必要なことはただ一つだけである．マリアは良い方を選んだ．それを取り上げてはならない〉（41–42節）．ことの良し悪しは主イエスによって判断されるのです．

ここでわたしたちは，主イエスを迎え入れたマルタとマリアの家を，一つの家庭として考えるよりも，一つの小さな教会として想定する方が，主がここで教えようとしておられることをより深く捉えることができるかもしれません．そこには主イエスがおられます．主を信じる弟子たちがいます．また主を愛する「マルタとマリア」その他の人々がいます．それはキリストを中心にした小さな共同体，すなわち教会です．主イエスは，マルタの家には客人として迎え入れられていますが，教会においては中心に立つお方です．そうであるならば，そこでなされなければならない第一のことは，主イエスがみ言葉を語り，人々がそれを聞くということです．そのことがしっかりと確立されるならば，それを中心にその他のことは正しく秩序づけられてくるのです．主イエスは，マルタに向かってこう言っておられます．〈必要なことはただ一つだけである〉（42節）．それは神のみ言葉に聞くことです．

主イエスは教会においても，社会においても，家庭においても，一つのこと以外のあとのことはどうでもよい，と言っておられるのではありません．中心を占めるべきことへの正しい関わりを促しておられるのです．二次的なもの，副次的なものが中心の位置を占めてはならない，と言っておられます．人々の間で中心がしっかりすえられるとき，それに従って他のものが正しく順序づけられ，秩序づけられるということです．それは，主イエスが語られる，人はそれに耳を傾けるという秩序です．そこからすべてのキリスト教的な働きが生まれてくるのです．

わたしたちは奉仕ということを考えるときに，何か教会の中の

さまざまな働きとか，体を動かして具体的な業をするということ
をまず初めに思い浮かべるかもしれません．しかし，それらの働
きが，み言葉を聞くこととは無関係に，あるいはみ言葉を聞くこ
とを軽視した形でなされるのであれば，その奉仕は見直されなけ
ればならないでしょう．何よりも主イエスが命じ，主が喜ばれる
ことがいつも優先されなければなりません．

　主イエスがマルタに語られた戒めの言葉は，教会内における
誤った奉仕を退け，主のみ心にそった奉仕によって教会を秩序づ
ける基となるでしょう．教会内のいろんな働きや奉仕の業，いろ
んな仕事も，もしそのことをしなければならないために，み言葉
に聞くことがおろそかになったり，あとまわしになったりしてい
る，そしてみ言葉からくる力や慰めを得ないままに乾いた心でし
かやれないという状況になっているとすれば，教会の中の働きを
検討しなければならないでしょう．そうしたことに関して，教会
の自己吟味や信仰者個人の自己吟味を，この物語は促しています．

　最後にわたしたちの社会のことを考えてみましょう．無くてもよ
い多くのことが，無くてならぬものをわたしたちから取りあげよう
とすることの多い現代です．人への愛，人と共に生きようとする思
い，人の命と存在を尊重すること，神の領域に踏み込まずに人が
人としての節度をもって考え行動することなど，大切なことが失
われたり，特別な思想によって無残にも踏みにじられたりすること
が，ひんぱんに起こるこんにちです．それは人を超えたものへの
畏れ，すなわち神への畏れが失われているために起こることです．
そしてその畏れが消えているのは，わたしたちを超えたものからく
る言葉を聞こうとしないことによります．優先順位の混乱がわたし
たちの社会にはあります．みなさんはこの社会の何かぎすぎすし
た雰囲気，乾ききった状況を感じることはありませんか．

　そういうなかで，真の神に聞くという，最も「良い方」に属す

ることがらが，この社会から失われたり奪われたりすることがないようにということを，きわめて大切なこととして考え，上からの言葉を聞きつつ行動しなければなりません．騒然とした社会情勢だからこそ，わたしたちはすべての人々にとって無くてならぬものである神の言葉に聞く時間，礼拝をささげる時間を，生活の中心にすえる社会の形成のために仕えたいと思います．マリアが選びとったものを，多くの人々が選びとることができるためにも，どんなに少数であっても主の日毎の礼拝を喜ばしく力強くささげ続けていくことが，この社会に対するわたしたちの教会の責任と務めであることを覚えたいと思います．中学，高校生のみなさんもそのような生き方へと自分が招かれているということを，この機会にぜひ考えてみてください．

　　わたしたちをはるかに超えたところにおられる神さま，あなたのみ声がこの世界を潤します．あなたのみ言葉がわたしたちの世界を豊かにします．しかし，今はその声を聴くこともみ言葉に耳を傾けることもおろそかにされがちです．そのために，何が優先されるべきかもわからないで悩み苦しんでいる魂がたくさんいます．神さまのみ言葉によってわたしたちの世界を秩序付けてください．み言葉によって一人ひとりの魂に平安を与えてください．

JK ちゃん
@xxx_jk

なんだかこの話を読んでいたら「わたしたち JK はどう仕えよう」なんて考えはじめちゃったけど，体を動かして具体的なことをするよりも，まず，み言葉に耳を傾けることが中心なんだね (ᵕ̈)♡

5件のリツイート　150 件のいいね

主イエスに仕える女性たち

—— 主の弟子は男性たちだけではなかった

ルカによる福音書8章1—3節

　　すぐその後，イエスは神の国を宣べ伝え，その福音を告げ知ら
　せながら，町や村を巡って旅を続けられた．十二人も一緒だった．
　悪霊を追い出して病気をいやしていただいた何人かの婦人たち，
　すなわち，七つの悪霊を追い出していただいたマグダラの女と呼
　ばれるマリア，ヘロデの家令クザの妻ヨハナ，それにスサンナ，
　そのほか多くの婦人たちも一緒であった．彼女たちは，自分の持
　ち物を出し合って，一行に奉仕していた．

　夏休み期間中は遺愛学院生の礼拝出席を考慮して，新約聖書に
おける女性を取り上げて考えてきました．きょうは今年の最後と
して，ルカによる福音書に記されている主イエスに仕えた女性た
ちに注目して，考えてみます．主イエス・キリストの伝道の働き
の主な二つの内容は，1—2節に記されているように，神の国を
宣べ伝えること（福音を告げること）と，悪霊につかれた人から悪
霊を追い出し，その人をいやすことでした．そのような主イエス
の働きを共にしたのが，十二人の男性の弟子たちです．主は彼ら
と共に村や町を巡り歩かれました．男性優位の時代と社会であっ

たとはいえ，主イエスの弟子たちがすべて男性であったということに，こんにちの感覚に立って違和感を覚える人がおられるかもしれません．どうして女性の弟子はいなかったのだろうかと考えることは，自然な感情です．

　しかし，表に現れて主イエスと共に働くことだけが，「主の弟子」の務めではありませんでした．主イエスと十二人の弟子たちの伝道活動が滞りなくおこなわれるために，彼らの日常生活を，いわば陰になって，あるいは裏方として支えることも，だいじな務めであったのです．食事の世話，寝るところの確保，必要なものの買い出しなど，村や町を巡り歩くこの集団のためになすべきことは多くあったに違いありません．その働きをしたのが，女性たちです．それは女弟子と呼ばれることも時にありますが，しかし，弟子としてよりも，「主に服従した者たち」としてまとめて語られることの方が多いことに気づかされます．ルカによる福音書の8章1節以下には，そうした女性たちのことが記されています．

　そこには名前が記されている者もいれば，名前が記されていない女性たちもいます．名前が記されているのは，マグダラのマリア，ヘロデの家令クザの妻ヨハナ，そしてスサンナです．一方，名前が挙げられていない女性たちは，「そのほか多くの婦人たち」という具合にまとめて記されています．彼女たちは，収入の伴う働きをしているわけではない主イエスと弟子たちのために，いろんな形で仕えていました．自分の持ち物を出し合うこともしていたことが，2節の記述からわかります．なかには資産家の女性もいたかもしれないと想像する人もいます．とにかくそのようにして彼女たちは，先ほども述べましたが，食事の世話をはじめとするさまざまな面における奉仕の働きをとおして，主イエスの一行を支えたのです．彼女たちは主が教えられた「日毎の糧を与えてください」との祈りが日々現実のこととなるために，熱心に祈り，

働き，仕えたのでした．

　これは，主イエスと男弟子たちがおこなっている直接的な福音の伝達の働きと，表面的には同じではありませんが，それをおこなっている主と弟子たちを支えることによって，彼女たちも伝道・宣教に仕えたと言ってよいのです．そのことを見落とさないようにしなければなりません．これについては，あとでもう一度考えることにします．

　主に従う女性たちのことで注目すべきことがいくつかあります．第一に，彼女たちについてこう記されていることです．〈悪霊を追い出して病気をいやしていただいた何人かの婦人たち……〉（2節）．この説明の言葉のあとに女性のことが記されていることに注目させられます．主に従った女性たちのなかで，誰が，また何人がそのようないやしを受けたのかは正確にはわかりません．しかし少なくとも，名があげられている三人の女性たちはそのような人たちであったに違いありません．彼女たちは主によっていやされた経験，それをとおして救い主としての主イエスに出会った経験，そして悔い改めに導かれた経験が先にあって，今はその主のために身をささげる者とされているのです．

　そうした女性のなかで，マグダラのマリアは特によく知られている人物です．彼女は，七つの霊を主によって追い出していただいた経験のある女性です．その出来事そのものは聖書のなかに記されていないのですが，彼女が紹介されるときは，しばしば，「七つの霊を追い出していただいた女性」として紹介されていることから，彼女のいやしの出来事は，当時多くの人々に知られていたことであるに違いありません．彼女は娼婦であったとも言われています．しかし，いやしの出来事以来，彼女は主に仕える者として，生涯をささげたのです．

　また，ヘロデの家令クザの妻ヨハナという女性も名があげられ

ています．ヘロデとは，当時のガリラヤ地方の王ヘロデ・アンティパスであり，主イエスより先に現れて良い働きをした洗礼者ヨハネや主イエス・キリストに対しては，敵対的な関係にあった人物です．その王家に仕える役人（家令）の男性の妻が，主イエスに従う者となっていることは驚くべきことであると言ってよいでしょう．彼女はマグダラのマリアとは異なり，上流階級の女性でした．しかも彼女は一時的に主に仕えたのではなくて，ガリラヤからエルサレムまでの主の旅に同伴しているのです．その時，夫クザが生きていたのか，もう亡くなっていたのかは不明ですが，いずれにしても主イエスに敵対的な関係にある陣営の側の男性の妻が，主の弟子のなかにいることは驚くべきことです．大きな犠牲が伴っていたかもしれない彼女もまた，恵みのいやしを主によって与えられた感謝を，主に仕えるというかたちで表しています．

　もう一人名前があげられているのは，スサンナです．彼女についてはここでは何も説明されていませんし，他の箇所においても彼女が登場することはありません．したがって，彼女については何もわからないのですが，ただ一つのこと，すなわち主イエスとその一行の集団，「移動する教会」と言ってもよい集団において，彼女は良い働きをしたということはわかっています．そのために彼女の名が知られており，聖書に記されています．

　その他にも多くの無名の女性たちがいました．まだ「教会」という形は整っていないのですが，まさに伝道を第一の使命とする集団・群れ・共同体において女性たちが重要な構成員となり，この多様な人々によってなる共同体を支えていたのです．何気なく書かれているこの数行のなかに，わたしたちが見落としてはならない重要なことが含まれていることを教えられます．

　彼女たちはこのあとも大切な場面でその名や存在があげられま

す．たとえば，主イエスの生涯の最後の場面である主が十字架に
つけられた時の目撃者として，彼女たちが「ガリラヤから来た婦
人たち」として登場します．男の弟子たちが逃げていなくなった
ときにも，彼女たちは主の近くにいて，主の死をしっかりとその
目に焼き付けるのです．また，主イエスの葬りの場面でも彼女た
ちは立ち合っています．さらには，主が墓に葬られてから三日め
の朝に香油を持って主の墓を訪れたのも彼女たちだったのです．
彼女たちは，主イエス・キリストの死からのよみがえりの最初の
証人，復活の証人としての働きをしていることがわかります．

　これは推測ですが，主イエスの死後に誕生した教会においても，
彼女たちは表面には出てこないとしても，裏方で大事な働きをし
たに違いありません．彼女たちの働きは特別に目立ったものでは
ありません．ただ集団の必要を満たし支えるために，欠くことの
できない働きをしたことは明らかです．それが彼女たちの喜びで
した．そして彼女たちの働きはきっと初代の教会において，とて
も大切なものであったことでしょう．

　彼女たちは，主によっていやしと救いの恵みを与えられた人々
です．そのことに対する感謝を，主に仕えるというかたちで，神
にささげています．そして主の死にいたるまで，さらには彼女た
ち自身の死にいたるまで，救い主イエス・キリストから離れるこ
とはありませんでした．それだけ彼女たちは主イエスに近く居続
けたのです．主との近さが，彼女たちのなすべきことを見出させ
ることに結びついています．犠牲や危険を伴いながらでも，彼女
たちは主に従い，主の集団に奉仕したのです．主から離れ，主と
の間に距離をおくものは，なすべきことを見出すことはできませ
ん．主のそば近くにいることによってこそ，自分の務めも見えて
くるのです．主との距離は，主に対する愛の強さを表すものであ
ると言ってもよいでしょう．

　教会との関係も同じです．教会を身近に感じ，そば近くにあるものとして捉えることができる人には，何をなすべきかが見えてきます．逆に，教会から距離をおくものは，教会の一員でありながら，自分のなすべきことを見出すことができない，また見出そうとしないのです．そのことをわたしたちは，主に仕えた女性たちから教えられます．

　今，この礼拝に連なっている中高生の中で，主イエスをさらに知りたいと願い，信じようとしている方たちがおられるならば，もっと主に近づいてください．もっと教会のなかに入ってきてほしいと思います．そうする時，主がこのわたしのためになしてくださった救いの恵みに，いっそう気づかされることでしょう．その時，自分がなすべきことも見出されるに違いありません．そして感謝が生まれてくるでしょう．主との出会いによって，自分自身の生き方を方向付けられるとは，なんと幸いなことでしょうか．

　主イエス・キリストの父なる神さま，主イエスはご自身ですべてのことをなさることがおできになる方です．しかし，弟子たちを集め，従う者たちによって，ご自身の働きを進めていかれました．そこに主の愛を感じます．わたしたちも主イエスにお仕えする道を歩みたいと願っています．どのようにすることが，主にお仕えすることになるのか，お示しください．それを知るために，わたしたちをさらに主イエスに近づかせてください．

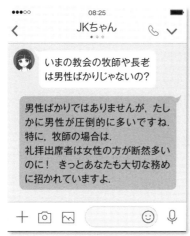

いまの教会の牧師や長老は男性ばかりじゃないの?

男性ばかりではありませんが,たしかに男性が圧倒的に多いですね.特に,牧師の場合は.
礼拝出席者は女性の方が断然多いのに! きっとあなたも大切な務めに招かれていますよ.

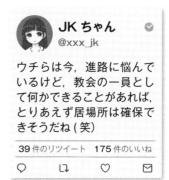

JK ちゃん
@xxx_jk

ウチらは今,進路に悩んでいるけど,教会の一員として何かできることがあれば,とりあえず居場所は確保できそうだね (笑)

39 件のリツイート　175 件のいいね

JK ちゃん
@xxx_jk

十二弟子は全員男性だったんだね. でも,イエスさまを支えた女性たちがたくさんいたんだね∩ω∩

27 件のリツイート　180 件のいいね

III

赦された女性たち

サマリアの女性

—— 人を避けて主に出会った女性

ヨハネによる福音書 4 章 1–26 節

　さて，イエスがヨハネよりも多くの弟子をつくり，洗礼を授け
ておられるということが，ファリサイ派の人々の耳に入った．イ
エスはそれを知ると，—— 洗礼を授けていたのは，イエス御自
身ではなく，弟子たちである —— ユダヤを去り，再びガリラヤ
へ行かれた．しかし，サマリアを通らねばならなかった．それで，
ヤコブがその子ヨセフに与えた土地の近くにある，シカルという
サマリアの町に来られた．そこにはヤコブの井戸があった．イエ
スは旅に疲れて，そのまま井戸のそばに座っておられた．正午ご
ろのことである．
　サマリアの女が水をくみに来た．イエスは，「水を飲ませてく
ださい」と言われた．弟子たちは食べ物を買うために町に行って
いた．すると，サマリアの女は，「ユダヤ人のあなたがサマリア
の女のわたしに，どうして水を飲ませてほしいと頼むのですか」
と言った．ユダヤ人はサマリア人とは交際しないからである．イ
エスは答えて言われた．「もしあなたが，神の賜物を知っており，
また，『水を飲ませてください』と言ったのがだれであるか知っ
ていたならば，あなたの方からその人に頼み，その人はあなたに
生きた水を与えたことであろう．」女は言った．「主よ，あなたは
くむ物をお持ちでないし，井戸は深いのです．どこからその生き
た水を手にお入れになるのですか．あなたは，わたしたちの父ヤ
コブよりも偉いのですか．ヤコブがこの井戸をわたしたちに与え，

彼自身も，その子供や家畜も，この井戸から水を飲んだのです.」
イエスは答えて言われた.「この水を飲む者はだれでもまた渇く.
しかし，わたしが与える水を飲む者は決して渇かない. わたし
が与える水はその人の内で泉となり，永遠の命に至る水がわき出
る.」女は言った.「主よ，渇くことがないように，また，ここに
くみに来なくてもいいように，その水をください.」

　イエスが，「行って，あなたの夫をここに呼んで来なさい」と
言われると，女は答えて，「わたしには夫はいません」と言った.
イエスは言われた.「『夫はいません』とは，まさにそのとおりだ.
あなたには五人の夫がいたが，今連れ添っているのは夫ではない.
あなたは，ありのままを言ったわけだ.」女は言った.「主よ，あ
なたは預言者だとお見受けします. わたしどもの先祖はこの山で
礼拝しましたが，あなたがたは，礼拝すべき場所はエルサレムに
あると言っています.」イエスは言われた.「婦人よ，わたしを信
じなさい. あなたがたが，この山でもエルサレムでもない所で，
父を礼拝する時が来る. あなたがたは知らないものを礼拝してい
るが，わたしたちは知っているものを礼拝している. 救いはユダ
ヤ人から来るからだ. しかし，まことの礼拝をする者たちが，霊
と真理をもって父を礼拝する時が来る. 今がその時である. なぜ
なら，父はこのように礼拝する者を求めておられるからだ. 神は
霊である. だから，神を礼拝する者は，霊と真理をもって礼拝し
なければならない.」女が言った.「わたしは，キリストと呼ばれ
るメシアが来られることは知っています. その方が来られるとき，
わたしたちに一切のことを知らせてくださいます.」イエスは言
われた.「それは，あなたと話をしているこのわたしである.」

　若い世代の特徴の一つを，「苦悩の時代」と言い表すことができ
るでしょう. 人は，それぞれの世代や年齢においてその時固有の
苦悩を抱えているものですが，そのなかでも特に青年時代の苦悩
は，その深刻さにおいて，また社会に及ぼす影響において顕著な
ものがあるだけに，わたしたちはいつも若い人々の苦悩に関心を
寄せざるをえないのです. しかし，青年の悩みは理解しにくい面

をもっています．それについて，次のように述べている人がいます．
　「人間の一生の中で，青年時代のように強く理解されたいと要
求している時代はない．青年ほど深い孤独のなかに，他者の接近
と理解とを渇望しているものはいない」．苦悩のなかにあるもの
は，他者の理解と助けとを求めている人でもある，ということを
教えられます．自ら死を願う者は，その裏に真に生きたいという
願いを抱えています．同じように悩みのなかにある人は，当然の
こととして，そこからの脱却を心の内では強く願っているのです．
しかし，その叫びが必ずしも外に現れ出ることはありません．
　表に現れ出ているものが，その人のすべてではありません．奥
にもっと深刻なものが隠されていることがあります．そのことに
心を向けることが大切であることを教える聖書の物語が，きょう
ご一緒に聴こうとしている「サマリアの女性の物語」です．主イ
エスは，南のユダヤから北のガリラヤに向かわれる途中，サマリ
アの地を通られました．そしてそこの井戸べでひとりのサマリア
の女性と出会われるのです．主イエスとこの女性との会話の内容
から，彼女の生活を特徴づけているものが何であるかをある程度
想像することができます．それは喜びなのか悲しみなのか，情熱
なのか無気力なのか，彼女の生活を彩っているものは何色なのか
について，みなさんも考えてみてください．
　その一つの手がかりは，彼女が井戸に水を汲みに来ている時間
帯です．ふつうこの地方の女性たちが水を汲みに来るのは朝ある
いは夕方の涼しい時です．しかしこの女性は〈正午ごろ〉（6節）
に水を汲みに来ています．一日のなかで最も暑い時間帯です．こ
れは何を示しているのでしょうか．それは，彼女は他の人に会う
ことがない時間を選んで水汲みに来ているということです．彼女
は人目を避けているのです．人に会いたくないのです．ここに彼
女の生活の陰り，すなわち彼女を包む灰色の部分を見ざるをえな

いのです.

　主イエスと,女性との会話が重ねられる中で(その詳細について
はきょうは省略します),主イエスはいきなり〈行って,あなたの夫
をここに呼んで来なさい〉(16節)と言われました.彼女は,話題
が思いがけない方へと展開したことを驚いたに違いありません.
また,この話題は彼女にとっては最もふれてもらいたくないもの
であっただけに,大きな戸惑いを覚えたことでしょう.彼女はこ
う答えています,〈わたしには夫はいません〉.彼女は自分の真の
姿を隠そうとしています.それに対して,主は,はばかることな
くさらにこう言われました.〈『夫はいません』とは,まさにその
とおりだ.あなたには五人の夫がいたが,今連れ添っているのは
夫ではない.あなたは,ありのままを言ったわけだ〉(17b—18節).

　わたしたちはここにいたって,彼女が,他の人に会いたくない
と考えていることの一つのそして最大の理由をみることができる
ように思います.つまり,彼女は次から次に夫を代えてきた女性
であったこと,そしてそういう一見ふしだらな生活が他の人との

交わりを破る結果を生み出す要因となっていたであろうし，また
そのように欲のままにと思えるような生き方が，他者に嫌悪感を
抱かせることにもなっていたことであろう，ということです．そ
してそのことは彼女の生活に《空しさ》をもたらしていたに違い
ないのです．次のように言われます．

　「空しさとは，さまざまな事物，人物，そして意味との関わりを失っ
た状態のことである．それは他者や他者が造る世界につながりをも
つことはしない」（ティリッヒ）．彼女はまさにそのような状態でした．

　主イエスが女性と水をめぐる話をなさっていたときに，いきな
り彼女の夫のことに話題を変えられたのはどういう目的があった
のでしょうか．それは決して彼女の心の傷をかきまわして，いっ
そう悩みや痛みを深くするためではありませんでした．主のねら
いは，彼女に，自分自身の真の姿を見せること，自分の罪とけが
れの姿をごまかさずに見つめさせることでした．そしてそのこと
によって主は，「わたしは本来人を避けて暗い日々を送るよりも，
心がうるおされて，他者との間の喜ばしい関係のなかで生きるこ
とこそが大切なことである」ということを，彼女に認識させよう
としておられるのではないでしょうか．

　それによって，彼女が夫を次々に代えてきたことは，単に，欲
望のままに生きようとすることがそうさせたのではなく，真に自
分が共に生きることのできる相手が欲しかったためであったこと
に気づかせようとしておられるのです．主は，この女性が次々と
夫を代えてきた生活の歪みの背後に，ひとりでいることの不安が
あり，何かにすがろうとする強い思いがあった，ということに気
づかせようとしておられます．共に生きる相手を求めることは，
決して悪いことではありません．

　主イエスは，この女性の生活の乱れの背後に，真の交わりの相
手，共に生きる相手を求める内なる願いが隠されていることを見

抜いておられるのです．だからこそ主は，あえて彼女の恥の部分
をさらけ出し，そこにある本当の渇きと求めが何であるかを自覚
させ，そして彼女のそのような要求や渇きを真に潤すことのでき
るお方，すなわち父なる神への目覚めを与え，彼女を神へと導こ
うとしておられるのです．真剣に愛し愛されることについては，
自分は無資格であると決め込んでいたかもしれないひとりの人
を，主は，新たに，真実な愛，真剣に生きることの喜びへと差し
向けようとしておられる，と言ってもよいでしょう．

　「自分の本当の姿を知ることと，まことの神を知ることとは，同
じプロセスの一部である」（ブルトマン）と言われます．主イエスは，
この女性をそのプロセスへ，その筋道へと導いておられるのです．

　こうしてサマリアの女性は，自分に対してこれほどまでに真剣
に向き合い，語りかけ，何が人間として必要なことかをさし示し
てくださる方，また，自分の問題点まで鋭く明らかにしてくれる
方である主イエスに不思議な思いを抱きながら，彼女も真剣にな
らざるをえなかったのです．そして真剣に語り合いを続けるなか
で，彼女は「もしかするとこの方は，自分たちユダヤ人が長い間
待ち望んでいたメシア（救い主）であるかもしれない．いやきっ
とそうだ」との確信を抱かせられるまでにいたりました．その時
彼女は居ても立ってもいられずに，水がめを井戸べに置いたまま，
街に出かけていき，そしてこのように人々に宣べ伝えています．
〈さあ，見に来てください．……もしかしたら，この方がメシア
かもしれません〉（29節）．

　これまで人を避けて真昼の12時頃をわざわざ選んで水を汲み
に来ていたこの女性は，今は逆に自分の水汲みの仕事を放りだし
て，人々のただ中に出て行き，主イエスに会ってみるようにと勧
めています．そこに彼女の内に大きな変化が生じていることを見
ることができます．自分が見出した事柄，喜ばしい事柄を他の人

に知らせ分かち合いたいという衝動が，彼女を突き動かしています．彼女の閉鎖性は打ち破られ，彼女を包んでいた空しさは取り払われました．それに代わって他者への関心が生まれているのです．それは，自分をひとりの人間としてまともに扱ってくださる主イエスの真剣なまなざしと言葉をとおして，主との間に真の出会いが生じた結果もたらされた一大変化です．出会いは人を変えます．

　明らかに，主イエスとの真剣な出会いと交わりが，彼女の古い自分を克服させ，脱皮させて，新しい歩みを彼女に始めさせています．「出会い」というのは，単に顔と顔を合わせるということではありません．閉じられた自分の世界，自分にはこれしかないと思いこんでいた生き方，そこから一歩踏み出して，相手の世界でその人と向き合うことです．無反省に生き，仕方なく生きていた自分の閉ざされた世界から出て，自分とは異質の価値の中で真剣に生きている人と，その人の世界でふれあうことです．自分の世界，今までの自分の生活の中に堅く閉じこもったままでは，出会いは起こりません．他者からの呼びかけに応える時に起こるいのちのふれあい，それが出会いです．

　そうした出会いは，サマリアの女性のように，自分をはるかに超えたお方（その究極は，神です）との出会いとして起こり，それによって信仰の道へと導かれることがあります．あるいはそれとは異なって，弱さや痛みや重荷を抱えつつ，懸命に生きている人との出会いというものもあり，それによって自分の愛が試されることもあります．いずれにしろ，そのようにこれまでの自分とは異なる世界で真剣に生きている者との出会いが，生きることに空しさを抱えている者に，新しい生き方を開かせることにつながることがあります．その出会いによって，生きることの意味と喜びを新たに発見させられるのです．

　主イエスはわたしたちをご自身との出会いへと招いておられます．多くの若い人が，自分に歩み寄ってくださっている主イエス・キリストを見出すことによって新しい自分をも発見し，その上でこれからの生きるべき世界を見出してほしいと願います．サマリアの女性は，わざわざサマリアの地を通られた主イエスとの一回かぎりの出会いをとおして，新しい世界へと飛び立つことができました．こんにちのわたしたちにも同じようなことは起こりうるのです．主イエスは，一人ひとりの心の扉の外に立って，扉をたたき続けておられます．扉を開けてそこから飛び出して来なさい，と呼びかけておられるのです．あるいは扉を開けてわたしを迎え入れてほしいと，主は求めておられます．礼拝への出席はその第一歩です．さらに主イエスに近づくことが，これからのわたしたちの課題です．

　愛と真実に富んでおられるイエス・キリストの父なる神さま，わたしたちはそれぞれに自分自身の中に苦悩を抱えていながら，それを外に出すことができず，悶々とした日々を送ることがあります．そのようなわたしたち一人ひとりに主は近寄ってきてくださり，すべての悩みを打ち明けさせ，それを受けとめ，新しい生き方へと導いてくださるお方であることを知ることができました．イエスさまとの真の出会いをわたしにも与えてください．そして新しい世界へ飛び立たせてください．

JK ちゃん
@xxx_jk

彼氏を取っかえひっかえしてるコって，いるよね（笑）わたしはまだ，カレとも神さまとも出会ってないや….
それにしても，昔は，罪を犯したら一生終わりかと思ってたけど，イエスさまって生まれ変わらせてくれるもんなんだね．なんか意外！(笑)サマリアの女性，めっちゃうれしそうだね〜 (*´ `*)

66 件のリツイート　　365 件のいいね

姦通の罪を犯した女性の赦し

—— 赦しは生きる力の源

ヨハネによる福音書8章1—11節

　　イエスはオリーブ山へ行かれた．朝早く，再び神殿の境内に入
られると，民衆が皆，御自分のところにやって来たので，座って
教え始められた．そこへ，律法学者たちやファリサイ派の人々が，
姦通の現場で捕らえられた女を連れて来て，真ん中に立たせ，イ
エスに言った．「先生，この女は姦通をしているときに捕まりま
した．こういう女は石で打ち殺せと，モーセは律法の中で命じて
います．ところで，あなたはどうお考えになりますか．」イエス
を試して，訴える口実を得るために，こう言ったのである．イエ
スはかがみ込み，指で地面に何か書き始められた．しかし，彼ら
がしつこく問い続けるので，イエスは身を起こして言われた．「あ
なたたちの中で罪を犯したことのない者が，まず，この女に石を
投げなさい．」そしてまた，身をかがめて地面に書き続けられた．
これを聞いた者は，年長者から始まって，一人また一人と，立ち
去ってしまい，イエスひとりと，真ん中にいた女が残った．イエ
スは，身を起こして言われた．「婦人よ，あの人たちはどこにい
るのか．だれもあなたを罪に定めなかったのか．」女が，「主よ，
だれも」と言うと，イエスは言われた．「わたしもあなたを罪に
定めない．行きなさい．これからは，もう罪を犯してはならない．」）

　きょう取り上げる新約聖書の女性は，姦通の罪をおかした名も

なき女性です．わたしたちはこの物
語の中でのいろんな場面で，自分自
身との関係はどうなのかを問いなが
ら，ご一緒に考えていきましょう．

姦通って？

不倫。この場合、女性
が妻がいる男性と性的関
係をもったことだと思うよ

　主イエスは今，朝早くからエルサ
レム神殿の境内で人々に向かって神
のことについて教えておられます．集まっている人々の多くは，
権力や地位や財産のある人々ではなく，貧しく弱い立場の人々で
あったに違いありません．だからこそ朝早くから主イエスのもと
にやって来て，慰めや希望に満ちた言葉を聞きたいと願っていた
のです．そうしたあり方は昔のことであって今の時代ではそんな
ことは時代遅れであると考えるならば，それは間違っているで
しょう．今の時代は昔と比べるならば，物質的・技術的・科学的
にはるかに進歩した状態にあるために，物への関心は強いが精神
的・霊的なことについては無関心の人が多い，と言ってよいでしょ
う．それは裏を返せば，実際は心の渇きを覚えている魂が多くあ
るということになります．それゆえ今の時代こそ，わたしたちは
朝早くからでも主イエスのもとにやって来て，人としての生き方
を教えてもらうことが大事なのです．

　そのように考えると，この物語を読む時に，わたしたちはまず
第一に主イエスの周りに集まって朝早くから教えを受けている
人々のなかに自分の身を置いて，わたしにもこのことが必要なの
だということを考えることが求められています．主イエスの周り
に朝早くから集っている人々とわたしたちは無関係ではない，と
いうことです．

　さて，そこに新しい事態が生じました．それは律法学者たちや
ファリサイ派の人々が，姦通の場で捕らえられた女性を連れて来
て，真ん中に立たせたからです（3節）．律法学者やファリサイ派

の人は，聖書に通じているいわば聖書の権威者です．律法学者た
ちは主イエスから教えを受けるために来たのではありません．罪
の女性を用いて主イエスを試そうとしているのです．彼らは社会
的にも高い地位にあり，律法（神の戒め）をきびしく守ることに
誇りを覚えていました．これらの人々が陥りがちな過ちは，自分
に対してよりも他の人に対していっそうきびしく臨むということ
でした．自分の罪を責めるよりも，他の人の罪を責めるのに急で
ある，それが彼らの特質でした．ここでも彼らが姦通の罪を犯し
た女性を捕らえてきたのは，社会正義のためというよりも，鋭い
嗅覚をもった犬のように他者の罪を鋭敏にかぎつけて，その人を
告発しながら，同時に主イエスをためそうとしているのです．こ
の律法学者たちの姿を見るとき，わたしたちは彼らの中にも自分
自身の姿を見出さざるをえないのではないでしょうか．それは他
の人の罪を見て，自分の罪を見ないということに関して共通点が
あるということです．先に朝早く主のもとに集まって来ている
人々のなかに，わたしたちは自分自身の姿を見たように，今度は
他者の罪を責めることに強い関心をもっている律法学者たちや
ファリサイ派の人々のなかにも自分自身の姿を見出さざるをえな
い，ということです．そうした視点をもって聖書を読むことも大
切です．

　さらに彼らにはもう一つの大きな問題があったことをみなけ
ればなりません．それは，〈イエスを試して，訴える口実を得る
ため〉（6節）と書かれているように，罪の女性を手段として用い
て，主イエスを試そうという企みをしていたことです．それはど
ういうことでしょうか．目の前に姦通の罪を犯した女性が立って
います．主イエスがもしこの罪の女性に同情して，「可哀想だか
ら，赦してやりなさい」と言われたとすれば，イスラエルの国で
先祖伝来の神の戒めである「姦通したものは殺されなければなら

ない」を無視して，勝手なことを言うということで，人々は主イエスを神を冒瀆するものとして告発することができるでしょう．またもし反対に主イエスが，戒めどおりこの

女性を石で打ち殺せと言われたとすれば，当時イスラエルを支配していたローマの国を代表する総督がもつ裁判権を無視して，主イエスが死刑の判決を下したことになります．それによって主イエスをローマを無視するものとして訴えることができます．このように，どちらに答えを出しても主イエスは窮地に陥ることになります．これが律法学者たちがイエスを試そうとしたことの内容であり，わなが仕かけられているということです．

　主イエスはいわば危機に直面させられているのですが，どうなさったでしょうか．初めのうちは，〈イエスはかがみ込み，指で地面に何かを書き始められた〉（6節）とあります．おそらく主の心は顔もあげることができないほどの悲しみと憐れみで満ちていたのではないかと想像されます．律法学者たちの陰険な目つき，周りにいる人々の好奇心に満ちたまなざし，そして真ん中に立たされている罪の女性のおびえた姿，それらを前にして主イエスは顔を上げることがおできになりませんでした．人々の顔を正視するに忍びない思いの主イエスは，下を向いたままでした．

　そうした，主の悲しみに満ちた心のうちなど少しも思い測ることなく，律法学者たちはしつこく「どうなのか」と主イエスを責め立てました．そのために主は重い口を開いて，次のようにひとこと，言われました．〈あなたたちの中で罪を犯したことのない者が，まず，この女に石を投げなさい〉（7節）．これは静かで短くはあっても，何と鋭く人の心をえぐるものでしょうか．冷酷で

　陰険な律法学者たちに対して，また好奇のまなざしで主を見つめている群衆に対して，この主の言葉は，「そういうあなたがた自身はどうなのか」と鋭く問いかけてきます．この言葉に対して人々はどのような反応を示したでしょうか．誰一人としてこの問いから逃れることができるものはいません．聖書はこう記しています，〈これを聞いた者は，年長者から始まって，一人また一人と，立ち去ってしまい……〉（9節）．手に石を持ってこの女性を打つ構えをしていたかもしれない律法学者たちも，朝早くから主イエスの周りに集っていた人々も，そして事の成り行きを心配そうに見つめていた十二弟子たちも，ものごとの判断をより早くすることができる人生経験豊かな年長者（年寄り）から始めて，一人ひとり主の前から立ち去っていきました．そこに残っているのは，主イエスと罪の女性の二人だけでした．

　ここで主イエスが問うておられることは，単に「自分にきびしくあれ」ということではありません．むしろ，人は神の前にあって他者を裁くことができるであろうかという根本的なことではないでしょうか．裏を返せば，裁きは神にのみ属することであるという畏れを人がもつことを，主は求めておられるのです．

　そこまでの深みにおいて人々が主イエスの言葉を受けとめることができたかどうかは疑問です．しかし人々は自分の罪のことがここで問題にされるとまずいということを感じて，そっと主の前から潮が引くように離れて行ったのです．彼らは，これ以上ここに留まっていたら次は自分たちの罪が責められることになるという危険を感じて，イエスのもとを離れていきました．そのようにしてその場から逃げることによって彼らは自分自身を守ることはできたかもしれません．しかしそのとき自分自身の罪をもっと掘り下げて，自分の罪と向き合い，罪の赦しと解決を願う思いをもつことができたら，彼らには新しい命の世界が，主イエスによっ

て開かれたでしょう．彼らはそうせずに主の前から逃げ去ることによって，自分を守ったのではなくて，新しい自分を生み出す機会を失ったのです．

　またひとりだけそこに残った女性は，主イエスの前から誰よりも早く逃げ出したかったに違いありません．しかし彼女はそうはできませんでした．彼女は逃げ去って行った人々よりもはるかに深刻に自分の罪や汚れについて，深い悔い改めの思いを抱かせられていたのです．彼女は自分の罪の重さのゆえに，足かせをはめられたかのように動くことができなかったのです．彼女は他の人のように主の前から立ち去ることはできませんでした．

　わたしたちは，はじめに主イエスの周りに朝早くから集まっている人々のなかに，わたしたち自身の姿を見ました．次に罪の女性を訴えている律法学者やファリサイ派の人々のなかにも，自分たちの姿を見ました．そしてわたしたちは今三度めに，罪の重みのゆえに主イエスの前から立ち去ることのできないこの罪の女性の姿を，自分自身と重ね合わせてみることが求められているのです．わたしたちも自分自身の罪の大きさ，重さ，神に背を向けて生きている過ちの大きさを知れば知るほど，主の前から逃れることができなくさせられるのではないでしょうか．逃げてはならないのです．そしてそのように主の前から逃げないことこそが，新しい自分の誕生に結びつくのです．このあとに主イエスによってもたらされた彼女の新しい出発をみるときに，この罪の女性の中にわたしたち自身の向かうべき方向，あるべき姿が示されるのです．わたしたちはどんなときにも，主イエスの前から逃げてはならないのです．

　主イエスは罪の女性に次のように語りかけられました，〈わたしもあなたを罪に定めない．行きなさい．これからは，もう罪を犯してはならない〉（11 節）．これは主が罪を見て見ぬふりをして

おられるということではありません．群衆の前に引きずりだされることによって大きな罰と恥とを受けているこの女性を，主はすでに裁かれた者として受けとめてくださっています．そのうえで，「わたしもあなたを罪に定めない」と宣言して，彼女を罪赦された者として，新しい生へと送り出そうとしておられるのです．彼女は新しい生活へと踏み込んでいくために必要な力を，罪を裁く権利をもつ主イエスからいただいて，新たな歩みへと押し出されていきます．主はこう言っておられるかのようです．「あなたは確かに大きな罪を犯した．そして多くの人々の前でその罪の裁きを受けた．しかしあなたの人生はまだ終わっていない．わたしはあなたに新しい機会を与える．だから前を向いて，新たに自分の人生に挑戦してほしい」．一度の過ちがその人の全生涯を否定してしまうものではありません．罪の赦しを主から受け取るとき，そこから過去とは異なる生き方が始まるのです．

　わたしたちもそれぞれに汚れた面，醜い面，悪しき面をもっています．しかしそうだからと言って主の前から逃れるのではなくて，主からの赦しと励ましを受け，「行きなさい」と言われる声に押し出されて，神のまなざしの中でふさわしいあり方は何かを追い求めていきたいものです．

　罪を赦してくださる神さま，わたしたちは必ず罪や過ちを犯します．そしてそれを隠そうとします．けれどもあなたの前に立つとき，赦しの声が響いてきます．その声はわたしに，悔い改めて新たに生きることを許し命じる声です．きょうもわたしにそのみ声を聞かせてください．そして新しく生きるものとさせてください．

JK ちゃん
@xxx_jk

この「祈り」 がもう「つぶやき」じゃない？

7 件のリツイート　49 件のいいね

○　　⤷　　♡　　✉

JK ちゃん
@xxx_jk

大きな罪を犯したら，もうこの先，死ぬまで人生オワリかと思ってたけど，罰を受けて，ゆるしてもらったら，新しく生きていってもいいんだね．なんだかキリスト教って気がラクになる宗教でいいね（笑）

8 件のリツイート　120 件のいいね

○　　⤷　　♡　　✉

IV

たとえのなかの女性たち

十人のおとめのたとえ

── わたしたちは何を待てばよいのか

マタイによる福音書 25 章 1─13 節

　「そこで，天の国は次のようにたとえられる．十人のおとめが
それぞれともし火を持って，花婿を迎えに出て行く．そのうちの
五人は愚かで，五人は賢かった．愚かなおとめたちは，ともし火
は持っていたが，油の用意をしていなかった．賢いおとめたちは，
それぞれのともし火と一緒に，壺に油を入れて持っていた．とこ
ろが，花婿の来るのが遅れたので，皆眠気がさして眠り込んでし
まった．真夜中に『花婿だ．迎えに出なさい』と叫ぶ声がした．
そこで，おとめたちは皆起きて，それぞれのともし火を整えた．
愚かなおとめたちは，賢いおとめたちに言った．『油を分けてく
ださい．わたしたちのともし火は消えそうです．』賢いおとめた
ちは答えた．『分けてあげるほどはありません．それより，店に行っ
て，自分の分を買って来なさい．』愚かなおとめたちが買いに行っ
ている間に，花婿が到着して，用意のできている五人は，花婿と
一緒に婚宴の席に入り，戸が閉められた．その後で，ほかのおと
めたちも来て，『御主人様，御主人様，開けてください』と言った．
しかし主人は，『はっきり言っておく．わたしはお前たちを知ら
ない』と答えた．だから，目を覚ましていなさい．あなたがたは，
その日，その時を知らないのだから．」

　夏のあいだ，新約聖書に登場する女性について，考えています

が，きょう登場するのは一人の人物ではなく，十人です．そして
これは実話ではなくて，主イエスが語られたたとえ話のなかの人
物であることをはじめに理解しておきたいと思います．何か大切
なことを教えようとして，主はこのたとえを話されたのですが，
それが何であるのか，主イエスのご意図が何であるかを読み取ら
なければなりません．少し難しい面を含んでいますが，ご一緒に
取り組んでみましょう．

　まず，物語の流れにそって読んでいきましょう．はじめに気づ
かされるのは，このたとえ話で語られている当時のユダヤの国の
結婚式の習慣が独特であるということです．こんにちのそれとは
ずいぶん異なったものでした．まず花嫁となる人は，自分の家で
花婿が来るのを待っています．その花婿は，一人で来るのではな
くて，花嫁の友だちの迎えを受けて，彼女たちに導かれながら花
嫁の家，あるいは婚宴の席にやってきます．その友人がここでは
十人の「おとめ」として描かれています．彼女たちは今，途中の
ある場所で花婿を迎えるために待っています．夜の時間帯です．
夜の結婚式であるために，それぞれがともし火を持っています．
しかし，そのうちの五人は賢くて，他の五人は愚かである，と言
われています．何がその違いを生ん
だのでしょうか．それは，後に，と
もし火のための予備の油を持ってい
るかいないかの違いであることがわ
かります．はじめのうちは賢いこと
と愚かであることとの違いは，たと
えを聞いている人たちにはわかりま
せん．そのことは次第に明らかに
なっていきます．

　たとえ物語のなかでは，花婿が

ともし火って

棒の上端部に布をまい
て，それに油をひたした
たいまつのようなものだよ

{ 似てない！w }

やってくるのが遅れています．そのために十人のおとめたちは皆，眠り込んでしまいました．そのうち，誰かが，その家の管理人かもしれませんが，「花婿だ．迎えに出なさい」と叫びました．その叫びによって十人のおとめは皆，目を覚まして，ともし火を整えて，花婿を迎えに出ようとします．長い時間が経過して，ともし火は消えかかっています．そういう状況のなかで，賢いおとめたちは予備の油を持っていたために，それを用いて明かりをともし続けることができました．一方，愚かなおとめたちはそのような予備の油を用意していなかったために，明かりをともすことができないでいます．ここにいたって賢さと愚かさの違いが目に見える形で表れています．

　予備の油を持たない五人のおとめたちは，はじめに，他の五人の仲間たちに「油を分けてください」と頼むのですが，その五人は「分けてあげるほどの油はない．店に行って買ってきなさい」と冷たく言い放っています．そこで愚かな五人のおとめたちは，真夜中に，油を買いに出るのです．そうする間に花婿が到着し，ともし火をともした五人のおとめたちは，花婿を，花嫁が待つ婚宴の席に案内いします．予備の油を持たなかった他の五人のおとめたちは，なんとか油を手に入れることができたのですが，遅れて婚宴の席にやってきました．しかし，扉が既に閉められていたために，〈御主人様，開けてください〉と叫んでいます．けれどもそれに対して，主人（これは多分，花婿のことと考えられます）の声が中から響いてきます，〈はっきり言っておく．わたしはお前たちを知らない〉．予備の油を分けてあげなかった五人の賢いおとめたちの反応にも冷たさを感じましたが，さらにこの主人の突き放す言葉は，冷酷なものであると思わされます．

　主イエスが語られるたとえ話には，しばしばこのように極端なことが描かれています．それは主が話しておられる事柄の意味す

ることをより明確にするために，主イエスがしばしば用いられた
方法です．したがってたとえ話のなかの極端な表現や冷酷な言い
回しに気が取られて，これはわたしには受け入れられないとか，
この話にはついていけないと考えるのではなくて，これはいった
い何を意味しているのかを考えることの方が大事なことなので
す．このことは主イエスのたとえ話を学ぶ時に注意しておきたい
ことです．

　愚かなおとめたちの愚かさについてもう少し掘り下げて考えて
みましょう．その愚かさはどこにあったのでしょうか．それはと
もし火の中に入れているはじめの油だけでたりると思って，予備
の油を用意していなかったことにあります．また，彼女たちは，
花婿が来るまでそんなに時間はかからないと決めてかかってい
て，突発事のことは全く頭においていませんでした．それは一般
的に言ってありえることですが，厳しく言えば，推測の誤算，あ
るいは危機管理の誤算であると言えます．ふつう多くの人はそこ
まで考えないのではないか，とわたしたちは思います．しかし，
主イエスはそのことに含まれている問題性を浮き彫りにして，大
切なことを考えさせようとしておられるのです．

　一方，賢いおとめたちは，愚かなおとめたちとは対照的に，花
婿が遅れることがありうること，それによって油がたりなくなる
こともありうることとして，そのことを考慮のなかに入れていま
した．そのために不要になるかもしれない油を余分に用意してい
たのです．何かが起こってもそれに対応できる備えをしていた，
それが彼女たちの賢さでした．

　ヨーロッパの石造りの古い教会の玄関には，アーチの部分の左
右に，五人ずつのおとめの像が設置されている教会があるとのこ
とです．そして彼女たちは，何かを待っている様子をしていると
言います．教会の玄関をくぐる者たちは，これはいったい何なの

かを考えざるをえなくさせられることでしょう．それゆえ，この
たとえによって主イエスはいったい何を教えようとしているので
あろうかについて，わたしたちもどうしても答えを見出さなけれ
ばなりません．また，このおとめたちの像を玄関に設置している
教会は，それによって，教会を訪れる人々に何を訴えようとして
いるのであろうかについても考えなければなりません．それはそ
う簡単なことではないかもしれませんが，そうしなければこのた
とえを聴いたことにはならないでしょう．

　ひとことで言えば，このたとえは「待つこと」に関する教えで
あるということです．人は待つ存在です．わたしたちの多くの時間
は何かを待つことで費やされています．待つことは，人生の一部
であるとさえ言えます．それではわたしたちは何を待っているので
しょうか．高校生は，高校生なりの待つものがあるでしょう．それ
は進学の希望が叶えられることや才能を活かして社会で働くこと
などです．やがて結婚も待つことの大切な一つとなります．高齢者
も何かを待っています．さらにわたしたちの世界は，平和の実現や
真の共存の社会が実現することを待っています．わたしたちはそれ
ぞれの立場で，何かの実現や到来を待っている存在なのです．

　それでは教会は何を待っているのでしょうか．キリスト者は何
を待ち望んでいるのでしょうか．それは端的に言えば，「イエス・
キリストの到来」「再び来られるイエス・キリスト」を待っている，
ということです．先ほど告白した「日本キリスト教会信仰の告白」
の終わりの部分では，「終わりの日に備えつつ，主が来られるの
を待ち望みます」と告白されています．いつ来られるかわからな
い主を待ちつつ今を生きるもの，それがキリスト者であり，教会
です．その信仰をキリスト教では「再臨信仰」と言うことがあり
ます．あるいは神によってすべてのことが完成させられる時を待
つ「終末信仰」と言ってもよいでしょう．再臨の主がいつ来られ

るかはわかりません．世界の歴史のすべてが完成に導かれる終わ
りの時がいつ来るかということも，わたしたちにはまったくわか
りません．突如としてそれは現れるかもしれないし，わたしたち
が生きている時には来ないかもしれません．しかし，その「時」
は必ず来るのだから，それに備えた生き方をしなさいというのが，
この十人のおとめのたとえの教えの中心にあることです．

　それではたとえ話のなかに出てくるともし火，あるいは予備の
油とは何のことでしょうか．それは〈信仰〉と〈祈り〉であると
いうことができます．信じつつ，祈りつつ，終わりの時に，また
あらゆることに備えることが，予備の油を持っていることの意味
です．いつ終わりの時が来ても慌てふためくことがないように，
祈りつつ日々を過ごすのです．そのことは特に齢を重ねた者に
とって大切なことです．老いの日々を平安に過ごすことができる
か否かは，信仰と祈りによって終わりの日を待つ備えができてい
るかどうかにかかっています．きょうの礼拝後の「みんなで讃美
歌を歌うつどい」では，『讃美歌21』の469番を皆で歌うこと
になっていますが，その5節に「善き力に守られつつ，来たる
べき時を待とう．夜も朝もいつも神は，われらと共にいます」と
歌われています．祈りつつ日々を過ごす者が平安のうちに終わり

の時を待つ姿がそこに歌われています．信仰者にはそのような「善き力」である主がわたしたちを待っていてくださるという恵みが与えられているのです．その方を見つめつつ生きるもの，それがキリスト者です．

　若い人は何を待つのでしょうか．だれもが自分の目標としていることの実現を待っています．そしてそのための懸命な努力を重ねています．そのようにだれもが等しく何かを待つなかで，神にすべてを委ねる思いをもつことができることが，賢いおとめが予備の油を備えているということの意味することです．十人のおとめが皆，ともし火を持っていたように，中高校生のすべてのひとが何らかの目標をもっています．それは皆同じです．しかし，十人のおとめたちが，予備の油を持っているか否かで明暗がわかれたように，神に委ねる祈りがあるか否かで，生じる結果を平安のうちに受け入れることができるか否かが決まるでしょう．目標に向かって全力を注ぎながら，見えない神にも目を注いで祈りつつ日々を過ごす，そのような生き方があることをぜひ知って欲しいと思いますし，そうした日々を過ごしてほしいと願います．これはわたしには関係ないこととして切り捨てず，十人のおとめの物語を，天におられるお方，やがて来られる方に目を向けるきっかけとしてください．主イエスは，すべての人を「賢い」おとめとして生きることへと招いておられます．

　　再び来ると約束された主イエス・キリストの父なる神さま，わたしたちはいろんなことを待ちながら，それが果たされないということをくり返し経験しています．待つことよりも自分の力ですべてを切り開くことの方が大切であると思わされることもしばし

ばです．でも，主イエス・キリストは，ご自身が再び来られる時
を待ちつつ生きよ，とわたしたちに求めておられます．その約束
を残していかれた主イエスを見つめる眼をわたしたちに与えてく
ださい．そして，それによって今の生き方をかたちづくっていく
ものとさせてください．

JKちゃん
@xxx_jk

ＪＫのともし火って，受験
のための努力や準備のこと
かな？　ウチらは賢いおと
めなんだから，人事を尽く
して天命を待たなきゃね♥
笑

77件のリツイート　12000件のいいね

しつこく求めるやもめのたとえ

── 祈りは不可能を可能にする

ルカによる福音書 18 章 1－8 節

　イエスは，気を落とさずに絶えず祈らなければならないことを教えるために，弟子たちにたとえを話された．「ある町に，神を畏れず人を人とも思わない裁判官がいた．ところが，その町に一人のやもめがいて，裁判官のところに来ては，『相手を裁いて，わたしを守ってください』と言っていた．裁判官は，しばらくの間は取り合おうとしなかった．しかし，その後に考えた．『自分は神など畏れないし，人を人とも思わない．しかし，あのやもめは，うるさくてかなわないから，彼女のために裁判をしてやろう．さもないと，ひっきりなしにやって来て，わたしをさんざんな目に遭わすにちがいない．』」それから，主は言われた．「この不正な裁判官の言いぐさを聞きなさい．まして神は，昼も夜も叫び求めている選ばれた人たちのために裁きを行わずに，彼らをいつまでもほうっておかれることがあろうか．言っておくが，神は速やかに裁いてくださる．しかし，人の子が来るとき，果たして地上に信仰を見いだすだろうか．」

　みなさんは祈ったことがありますか．きょうは祈りについて考えてみます．きょう取り上げる新約聖書の中の女性は実在の人物ではなくて，主イエスが語られたたとえ話の中に登場する一人の

やもめ（未亡人）です．このたとえ話はどういう状況で語られた
のかを最初に確認しておきましょう．それは〈気を落とさずに絶
えず祈らなければならないことを教えるために〉（1節）と記され
ていることから，主イエスが祈りについて弟子たちや人々に教え
るために語られたものであったことがわかります．

「気を落とさずに」という表現は，以前の訳では「失望せずに」
となっていました．祈りをくり返しささげてもなかなか聞き入れ
られないということは，祈る人がしばしば経験することです．そ
の結果，祈ることをやめてしまうこともあります．それに対し
て，主イエスは気を落とさないで祈り続けなさい，失望せずに祈
りをささげなさいと励ましておられるのです．ある神学者（フォー
サイスというキリスト教の学者）が次のように言っています．「祈り
が失敗する決定的な理由は，祈りを中断することにある」（『祈り
のこころ』一麦出版社）．わたしたちもこの言葉，そして主イエスの
たとえ話から，祈りについて大事なことを教えられるように思い
ます．

たとえ話の中に入っていきましょう．小見出し（表題）に，「や
もめと裁判官のたとえ」とありますように，このたとえ話にはや
もめという社会的に力のない存在と，裁判官という力のある存在
の対照的な二人が登場します．やもめは聖書の時代においては，
社会的に弱く貧しく，社会において保護される必要のある代表的
な存在でした．一方，裁判官は社会的に力があり，権威をもつ存
在でした．その弱い存在であるやもめが，今，ある人によって不
正な取り扱いを受けて裁判に訴えられているのです．その訴えの
内容は具体的には記されていませんが，おそらく金銭上のことで
あると考えられます．もしかするとこのやもめは亡くなった夫の
遺産を不正な手段によって奪われようとしているのかもしれませ
んし，あるいは心当たりのない負債を押し付けられているのかも

しれません．そこで彼女は正しい裁きによって，自分を守ってほ
しいと裁判官に願い出ているのです．

　ところが，彼女が裁きを願い出た裁判官は，こともあろうに，〈神
を畏れず人を人とも思わない〉（2節）人物でした．神を畏れずと
は，最終的な裁きは神に属するものであるといった畏れやへりく
だりは少しももたず，自分が最高の裁判官だと思っているという
ことです．また「人を人とも思わない」とは人間の状況とか心と
か感情といったことは全く顧慮せず，機械的にあるいは事務的に
冷たく裁判をおこなうということでしょう．この組み合わせでは，
やもめは全く不利であり，望みはない，ということが誰にでも想
像できます．やもめは裁判に何も期待できない状況に置かれてい
ます．しかし主イエスのたとえにおいては一般的な常識のみが語
られることはありません．主イエスはたとえによって神のことを
人々に教えようとしておられるのですから，常識で考えられない
ことが展開されることもしばしばです．それをみてみましょう．

　裁判官は，はじめのうちは，このやもめの訴えに全く耳を傾け
ず相手にしていなかったのですが，やがて変化が生じます．そし
てついに「このやもめのために裁判をしてやろう」と，彼の考え
を変えるのです．そのように，裁判官にとっては何の得にもなら
ない裁判をしようと決心させたものは何であったのでしょうか．
それはこのやもめの執拗な，あきらめない願い求めが裁判官を動
かしたということです．何度断られてもあきらめることをせず，
しつこく粘り強く求める彼女に対して，「これ以上面倒をかけら
れては困る，彼女のために自分は苦しめられたくない」という思
いが裁判官を動かして，このやもめのために裁判をしようという
思いにまでいたらせたのです．

　このたとえ話の重要な点は何でしょうか．それはやもめの気落
ちすることのない，しつこいほどの裁判官への訴えが，とうとう

人を人と思わない裁判官を動かして，彼女のためになる裁判をしてやろうという気持ちに変えさせたということです．やもめのしつこさや粘り強さが，裁判官の固い心を動かしたのです．それがこのたとえ話の極端さです．それでは，そのことが神に関してはどのような意味をもっているのでしょうか．やもめと裁判官のどの点が，神の何に関してたとえられているのでしょうか．それを次に考えたいのですが，そこで誤った結論を導き出さないように注意しなければなりません．

　その誤った結論の一つは，よほどしつこく祈らなければ神は心を動かしてくださらず，祈りを聴きあげてくださらないという理解です．人間のしつこさが神を閉口させて，祈りを聞いてくださるようにさせるということではないのです．もう一つ誤ってならないことは，今述べたことの裏返しですが，このたとえはしつこく祈ればついに自分の思いどおりに神を動かすことができるようになる，ということを教えようとしているのでもない，ということです．祈りにおける主役は，あくまで人ではなくて，祈りを聞かれる側の神なのです．

　そうした誤った理解を退けながら，主イエスがこのたとえで教えようとしておられることが何であるかを考えなければなりません．わたしたちは，このたとえ話を読むとき（聞かされるとき），一つの驚きを覚えさせられるのです．それは神を畏れず，人を人とも思わない不正な裁判官が，彼にとってはとるにたりないやもめの訴えをとうとう聞くことになったという驚きです．高慢な一人の人間が，他の人の熱心によって変えられたという驚きがこのたとえにはあります．

　人と人との関係においてそうであるならば，ましてや正義の神，憐れみの神が，小さく弱い人間の正義や公正を求める祈りを聞いてくださらないことがあろうか，いやそんなことはない，必ず聞

いてくださる，そして驚きの結果をもたらしてくださる，という約束をこのたとえ話から，わたしたちは聞きとってよいのです．

　やもめは今，利己的で自己中心的なことを願い出ているのではありません．自分のような弱い立場の者が，力ある者によって不当な扱いを受けることがあってよいのでしょうか，と強く考えています．「そんなことがあってはならない」と叫び続けています．そのため裁判官に何度拒まれても気を落とさずに，正しい裁きを求め続けました．それによって一つの思いがけない出来事が起こったのです．この弱く貧しいやもめは，同じように弱く無力であるこのわたしたちや教会を示しています．また７節に〈昼も夜も叫び求めている選ばれた人たち〉と言われている人々は，正義や公正や平和を求めて祈り続けている人々であると考えてよいでしょう．

　わたしたちが利己的なことではなく，また個人的な欲求の満足のためにではなく，周辺で起こる日々の不正義や，この世界や社会の不義や悪徳や暴力に心を痛めるとき，それを仕方がないことだとあきらめずに，「そんなことがあってよいはずはない」との叫びをもって神に祈り，この世界が新しくされることを願い続けるならば，神はいつかそれを聞き上げてくださるでしょう．そのような約束が，このたとえにおいて示されているのです．

　悲惨な現実であるにもかかわらず，失望しないで祈り続けるものの祈りに応えて，神は祈らない者たちが運命とか自然の成り行きとしてあきらめてしまっている不義の現実に，その巨大な壁に風穴をあけてくださいます．そのようにして神は，ご自身が世界の主であって，悪魔や運命が世界の主ではないということを明らかにしてくださるのです．そのことを期待して祈り続けよと，主イエス・キリストはこのたとえをとおして，祈りをささげる者たちすべてに対して教えておられるのです．

　「この世が夢見ること以上の多くのことが，祈りによってなされている（起こっている）」とテニスンという人が語っています．祈りに応えて神が立ち上がってくださるならば，運命と思ってあきらめていたことが崩れ出すのです．「これが現実さ」と言って投げ出していたことが，祈りが真剣にささげられるとき，動き出します．悪の世に神の義や公正や愛が注ぎ込まれて，わたしたちの世界が変えられることがあるのです．祈りを聞いてくださる神が，そのようにしてくださるのです．そのためには神への揺るがない信仰が欠かせません．義のため，公正のために祈りを続けさせるもの，それゆえその祈りに従って人を行動させるもの，それは神への信仰です．そしてその信仰そのものを神に祈り求めるとき，それはわたしたちにきっと与えられます．

　わたしたちは，神への固い信仰に立って，平和や正義のために，一人ひとりの命のために，もっとしつこく祈れ，もっと粘り強く神に求めよ，神の大きさ，力強さ，真実であられることにもっと思いを寄せて，失望せずに祈れと，主イエス・キリストによって促されているのです．そのように命じておられる主イエスこそが，わたしたちの祈りを神にまで運んでくださるのです．それゆえ，その約束は確かである，とわたしたちは確信してよいのです．

　神さま，わたしたちは心から求めることを一回祈っただけで，それが聞き届けられないと思ったとき，すぐに祈ることをあきらめてしまうものです．しつこく祈ったあのやもめのように，わたしたちも本当に必要なものであれば，粘り強くあなたに祈るものとさせてください．祈りを続ける熱心をわたしたちにお与えください．

つぶやき

JK ちゃん
@xxx_jk

ウチらは「これが現実」「もうムリ」って思いがちだけど，しつこく祈りたいね
´•‿•｡

40 件のリツイート　430 件のいいね

無くした銀貨を探す女性のたとえ

—— 天を喜びで満たそう

ルカによる福音書 15 章 8−10 節

> 「あるいは，ドラクメ銀貨を十枚持っている女がいて，その一枚を無くしたとすれば，ともし火をつけ，家を掃き，見つけるまで念を入れて捜さないだろうか．そして，見つけたら，友達や近所の女たちを呼び集めて，『無くした銀貨を見つけましたから，一緒に喜んでください』と言うであろう．言っておくが，このように，一人の罪人が悔い改めれば，神の天使たちの間に喜びがある．」

　ルカによる福音書 15 章には，主イエスが語られた有名な三つのたとえ話が収められています．それを小見出しで確認すると，1−7 節では 100 匹の羊のうち 1 匹の羊がいなくなって，それを羊飼いが捜し出す「見失った羊のたとえ」，8−10 節には「無くした銀貨のたとえ」，そして 11−32 節には父親のもとから飛び出していい加減な生活をした弟息子が，再び父親のもとに帰ってくる「放蕩息子のたとえ」物語が記されています．いずれも有名なものですが，女性が登場するのは，二つめのたとえだけです．注目させられるのは，この三つが共通の主題をもっていることです．

その主題とは，あるものが失われる悲しみが最初にあり，そのあとに失われたものが戻ってくる喜び，あるいはもとの状態に回復する喜びがある，というものです．きょうはその中で，女性が登場する 8–10 節のたとえに注目し，み言葉に耳を傾けましょう．

「無くした銀貨のたとえ」は日常生活の中で経験する出来事がたとえの題材として取り上げられています．前の部分では 100 匹の羊のうち 1 匹がいなくなっており，他方ここでは，10 枚の銀貨のうち 1 枚が無くなっています．それぞれの持ち主は，無くなったものを見つけ出すまで捜し続けているのです．その結果，ついに無くなっていたものを見つけ出して，発見の喜びを味わっています．そしてその喜びが，羊飼いや女性の喜びに留まらないで，「天」における喜び（7 節），「神の天使たち」の喜び（10 節）にまでなっています．「天」の喜びとか「神の天使たち」の喜びとは，結論的に言えば神ご自身の喜びのことです．二つのたとえはこのように共通したテーマのもとに，主によって語られたものです．

無くなった銀貨のたとえをもう少していねいに見てみましょう．一人の女性がドラクメ銀貨を 10 枚持っていました．「ドラクメ」というのは，ギリシアの貨幣の単位であって，新約聖書で一日の労働賃金の価としてしばしば記されている 1 デナリオンと等しい額のものです．きょうの子どものための聖書箇所（ルカによる福音書 21 章 1–4 節）に出てきたレプトンと比べると，1 ドラクメは 1 レプトンの 128 倍に当たります．この女性は，その銀貨を 10 枚一組として持っていました．それは記念のものであったかもしれません．したがってその 10 枚のうちの 1 枚でも失うことは，記念の品に大きな傷がつくことになります．そのために彼女は，その失った 1 枚をどうしても捜し出さなければならないのです．今そういう状況が生じています．

　窓の少ない石造りのイスラエルの家は，昼間でもうす暗いものでした．そのためにこの女性はともし火をつけ，ほうきではきながら，銀貨の音に聞き耳を立てて，「念を入れて」捜しています．この女性の真剣さ，必死の姿をわたしたちの頭の中に描いてもよいでしょう．そして「見つけるまで」捜し続けて，ついに無くしていた銀貨を発見するのです．その時の彼女の喜びようは，羊飼いの時と同じように，かなり誇張された表現が用いられています．銀貨１枚を見つけた喜びのために，友達や近所の女性たちが集められているこの描写をとおして，発見の喜びが強調されていることは，誰にでも理解できます．これで大事な10枚一組の銀貨が，彼女の手に戻ったという安堵感と喜びが，このたとえをとおして伝わってきます．この喜びがわたしたちとどのような関係にあるかについては，あとでもっと深く考えることにします．

　誇大に表現されている喜びの背後に，何があるのでしょうか．わたしたちは，この喜びの背後に，何よりも，自分のものを一部でも失うことの悲しみや苦痛，耐え難さというものがあることに気づかされます．わたしたちにもそれぞれ失うことの痛みの体験があるに違いありません．羊飼いにとっては，羊は100匹そろっていて当たり前であり，それで安心できるのです．女性にとっては銀貨が10枚そろっていて平安なのです．それは物欲とか貪欲ということとは，全く無関係のことです．そこにはそろっているものの中の一つも失いたくないという持ち主の愛があります．その愛が，自分のもとから失われてしまったものへの悲しみや痛みとなり，それゆえに何としてでもその失われたものを見つけ出して，再び自分の手もとに取り戻したいという情熱，熱心，真剣さがそこから生まれてくることになります．そしてついに見出した時の大きな喜びにつながるのです．失うことの悲しみや痛みが大きいだけに，再び見つけ出した時の喜びは尋常なものではありま

せん. この関連が大事なのです.

　見失った羊や, 無くした銀貨によって問題とされていることは, もう気がついておられるでしょうが, わたしたち人間のことです. 本来, 人は神のものであり, 神に所属しており, 神と共に生きるべき存在です. その人間が, 神のもとから逃げ出してしまっているのです. そのことを心から悲しまれる神が, ご自分のもとから離れて行ってしまった一人ひとりの人間を取り戻すために, 人間捜索の行動を開始し, 続行しておられます. そのことが, 羊飼いや女性の行動によって示唆されています. ある人が言いました, 「天(神の国)では, いつもこのわたしのことが問題とされている. 神はいつもこのわたしに関心をもっておられる」. それは迷惑な話だと言う人もいるかもしれません. しかし, よく考えてみるならば, 天地万物を造られた唯一の神が, このちっぽけなわたしのことを心にかけていてくださるとは, なんと大きな驚きであり, 心動かされることでしょうか. 神は, 神の前から迷い出たわたしたち一人ひとりが, 神のもとに連れ戻されることを願っておられるのです.

　そのような一人ひとりを捜し求める神の捜索活動のために, この世に遣わされたのが, 神のひとり子イエス・キリストです. その始まりがクリスマスです. 神は, 人間を本来の場所である神のもとに連れ戻すための道として, み子イエス・キリストをこの世に派遣されました. それは人間に対する神の愛, 神の熱心, 神の情熱の表れであり, 人間を追い求める神の行動そのものなのです. 羊飼いが, 見失った羊が落ち込んでいるかもしれない谷や穴, 迷い込んでいるかもしれないほら穴ややぶの中に入り込んでいくように, また銀貨をなくした女性が, ベッドの下や土間のかたすみに落ちているかもしれない貨幣を熱心に捜すように, 神のみ子キリストも, 一人ひとりの場所に臨んでくださって, その人にふさ

わしい配慮や注意を払いながら，神のもとに連れ帰そうとしておられるのです．

　迷った羊も，失われた貨幣も，自力で元の所へ帰ることはできません．だから，その所有者である羊飼いや女性が，見つけるまで捜し続けているのです．それと同じように，わたしたち人間に対しても，神ご自身が自ら立ち上がり，み子によってわたしたちを捜し続け，追い求め続けてくださっています．わたしたちは自力では，神のもとに帰ることはできないのです．わたしたちが，聖書のみ言葉によってキリストとの真の出会いを与えられるとき，このキリストによってわたしを追い求め続けてくださっているひとりの神の存在を知るものとされるでしょう．

　「ひとりの人が悔い改める出来事（神に帰る出来事）は，神にとっては世界歴史のざわめきよりも，価値のあることである」と述べた人がいます．一人でも神のもとから失うことがあれば，それを大きな損失と考えられる神，逆に一人でも神のもとに帰って来る者があれば，大いに喜ばれる神，その神の姿が，このたとえを通してみごとに明らかにされているのです．その喜びのために，神はご自分のもとから離れた者たちを，み子イエス・キリストによって連れ戻そうとしておられます．その神の行動がたとえにおいて明らかにされています．そのことは中高生のみなさんにも，漠然とわかったに違いありません．

　しかし，その理解で留まるのではなくて，ここで言われている1匹の羊とは誰のことか，1枚の銀貨とは誰のことかを，さらに追求することが大切です．そのときわたしたちは，自分自身を抜きにして，つまり，自分以外の他の人のことが言われていることとして，これを読み過ごしたり，聞き過ごしたりすることはいけないということに気づかされるに違いありません．この1匹の羊，1枚の銀貨とは，ほかでもないこのわたし，この自分自身のこと

であるとの認識をもつことが求められています.

　この礼拝者のなかには, すでに, 神のもとに連れ戻された人も
います. あるいはそれを願いつつ, それがまだ現実のこととなっ
ていない人もいるでしょうし, 自分はそんなことなど望んではい
ないという人もおられることでしょう. しかし, いずれであった
としても, ここにいるわたしたちを抜きにして, このたとえは語
られていないのです. 神から逃亡していた人間, 今もその傾向を
失っていない人間, そんなことなど考えたこともなかった人間,
その一人ひとりが, 神の熱心な愛の対象とされているのです. 神
の捜索活動の対象となっているのは他ならぬこのわたしなので
す. このような自己理解は聖書のみが与えてくれる大きな恵みで
す.

　もう一つ考えておきたいことがあります. それは, まだ洗礼を
受けていない人, 教会の礼拝に一度もつどったことがない人, キ
リスト教や教会や聖書などは, 自分と全く関係ないと考えている
人, その人たちもまた神がみ子キリストを通して熱心に追い求め
ておられる 1 匹の羊, 神の手もとに戻ることが求められている 1
枚の銀貨なのだということです. きょう初めて礼拝に出席された
方も, 神が捜し求めておられる大切な 1 匹の羊, 1 枚の銀貨なの
です. すでにキリスト者とされている者たちもかつては迷い出た
存在でした. しかし, その人たちは今や〈暗闇の中から驚くべき
光の中へ〉(ペトロの手紙一 2 章 9 節)移し変えられたものたちなの
です. 同じことが, 今神のもとから離れている他の人々にも起こ
らないはずがないのです.

　主イエスは言っておられます, 〈わたしには, この囲いに入っ
ていないほかの羊もいる. その羊をも導かなければならない〉(ヨ
ハネによる福音書 10 章 16 節). この主イエスのみ心は今も変わらず
世界に響き, またそれに基づく主イエスの行動は今もなお続けら

れているのです．教会はその主イエスのみ心をおこなう器として，また道具としてここに建てられています．このことも，このたとえから受けとめるべき大事なことがらなのです．神のもとに戻った人々に関して，次のように語られています．「いったいわたしは失われた者なのか．そうである．しかしそれ以上に救われた者である．いったいわたしは惨めな者なのか．そうである．しかしそれ以上に愛されている者である」（トゥルナイゼン）．神のもとに連れ帰されることによって，大きな逆転が起こるのです．

　失われたものをご自分のもとに回復し，天を喜びで満たそうとされる神の愛の熱心に促されて，まずわたしたち自身が神のもとに帰ることを大きな目標としたいと思います．さらにわたしたちも一つの魂の回復のために仕えるものでありたいと願います．神の喜びを共有することが，わたしたちに許されているとは，何という光栄なことでしょうか．

　失われた者が回復されることをこの上なく喜ばれる神の喜びが，天においてくり返されることを願いながら，わたしたちはそれぞれの立場で，主イエスの捜索活動に応えるもの，あるいはそれに仕えるものでありたいと願います．

　神さま，わたしはあなたのもとから離れている存在となっていたとは，知りませんでした．しかしみ子イエス・キリストがわたしに近づいてきてくださることによって，自分が神さまのもとに戻らなければならないものであることがわかりました．どうかあなたのもとに戻らせてください．また，神さまのもとに帰る人が多く与えられて天の喜びが増し加わるために，わたしをあなたの器として用いてください．

JK ちゃん
@xxx_jk

ウチらも羊とか，銀貨とか，
放蕩息子みたいに，大事に
されたり喜んでもらえるな
んて，めっちゃうれしいね
（；＿；）

50 件のリツイート 603550 件のいいね

あとがき

　「久野くん，きみは自分の名前の由来を考えたことはあります
か?」と，わたしが大学１〜２年生のころに，夏期伝道実習の神
学生から尋ねられました．「牧」という字を「のぞむ」と読ませ
る自分の名を，実はあまり好きではありませんでした．わたしは
その問いに「いいえ」と答えました．するとその神学生は続けて
言いました．「きみのお父さんは自分が牧師になりたかったけれ
ども，古いしきたりの家族から強く反対されて，牧師の道をあき
らめた．そして自分の長男であるきみに，かなえられなかった自
分の望みを込めて，『牧』という字を選び，それを『のぞむ』と
読ませるようにしたそうだよ」と語りました．
　それまで父親から直接聞いたことがない自分の名前の由来を，
夏期伝道実習の神学生から聞くことになったのです．神学生はさ
らに言いました．「きみ，神学校に進んで牧師にならないか」と．
そのとき，わたしはそれまで好きではなかった自分の名をますま
す嫌いになりました．「死んでも牧師にはならない」，それがわた
しのその時の思いでした．
　わたしが若いころに属していた教会は，日本キリスト教会福岡
城南教会でした．その教会にはわたしの高校時代から大学院時代
にかけて，夏には毎年のように夏期伝道実習神学生がやってきて，
青年たちに良い刺激を与えてくれていました．その交わりは好き

でしたが，しかし彼らから誘いを受けても，牧師になる気はさら
さらありませんでした．自分の好む生物学を学び，研究者になる
つもりで，大学院博士課程2年まで進みました．

　そこで大学の中で大きな事件が起こりました．それは米軍の
ジェット機が構内に墜落するという出来事です．それをきっかけ
に大学ではベトナム戦争反対の運動が激しくなりました．わたし
自身もその運動に加わりながら，自分がしている研究のことに自
信がなくなり，将来の道を改めて考えるようになりました．そし
てわたしはこのまま研究者の道を歩むのではなく，もしかすると
以前から呼びかけられていた牧師の道を歩むべきではないかと，
真剣に悩み，問い続け，祈りました．

　そのような中で最終的に示された道が，牧師としての道でした．
1968年の夏ごろに，大学院を中退して神学校に進もうと決意し
ました．1969年3月に大学院を中退し，4月から日本キリスト
教会神学校に進みました．その時の決断は，最終的には悲壮なも
のではなく，穏やかなものでした．

　4年の学びを終えて1973年3月に同校を卒業し，福岡県筑後
地方の犬塚伝道教会（2011年に解散）・八女伝道所の兼牧を皮切
りに，徳島教会，札幌北一条教会，そして2006年から函館相生
教会において牧師として仕えてきました．こうして働いてきた
47年間の牧師としての歩みに，この春（2020年3月）に，一応の
区切りをつけて現役を退くことにいたしました．そうした時期に
この書を出版することができることを感謝しています．

　ところで函館相生教会には毎年7〜8月の二か月間に，近隣
のクリスチャンスクールである遺愛学院女子中学・高等学校の多
くの生徒たちが，夏の課題を果たすために主日礼拝に出席しま
す．主として高校生ですが，毎年160名から200名の出席者です．
その時の礼拝では，通常の連続講解説教を中断して，彼女たちが

理解しやすいようにと，特別のテーマで説教をしました．主の祈り，使徒信条，十戒，複数年にわたっての聖書の奇跡物語，たとえ話，新約聖書の中の女性などを取り上げました．

　ある地区集会で，その中の一つを説教する機会がありました．その集会に出席しておられた一麦出版社の西村勝佳氏が，わたしの説教を聞かれて，「新約聖書の中の女性」という主題の説教集を出版したいと申し出られました．そこで 2018 年と 2019 年に行った新約聖書の女性にまつわる説教をまとめたものが本書です．掲載順は日付順ではなくて，説教を主題によって分類して配置しました．

　何とかして高校生たちに福音が伝わり，主イエス・キリストとの出会いが与えられるようにと願って説教を準備しました．しかし読み返してみますと，この説教は彼女たちの関心事とふれあうことがあっただろうかと考えさせられています．願うことは，この説教を聞いた彼女たちに，いつの日か「今あなたには分かるまいが，後で，わかるようになる」（ヨハネによる福音書 13 章 7 節）と言われる出来事が起こることです．この説教集が若い人たちに身近なものとなるように，一麦出版社の西村勝佳氏が JK 世代の娘さんと一緒に，「Q&A」や「つぶやき」や「イメージ画」などを工夫して挿入してくださいました．固いわたしのあたまからは出てくることのないものです．感謝いたします．この説教集が，若い人を対象とした説教の準備においても何らかのお役に立てばと願っています．

　この説教集出版のためにわたしの原稿をまとめることに協力してくれたのが，函館相生教会員の村上歌子さんと妻の真理子でした．わたしは，説教原稿は牧師になってからずっと手書きです．しかもボールペンではなく，万年筆を用いてリーフ用紙に書いています．なんとなくこだわってきました．そういうわけですから

説教集を出す時には，手書きの原稿をワープロかパソコンに入力しなおして，原稿を整えなければなりません．ありがたいことに，その折々に協力者が与えられました．このたびもそうです．こうしてこの書が出来上がりました．

この説教集を，牧師として最後に仕えることになり，またさまざまな課題に信仰の一致をもって共に取り組むことができた日本キリスト教会函館相生教会に，感謝を込めてお献げいたします．また，45 年の間共に歩んできた妻・真理子に献げることをお許しいただきたいと思います．牧師になって以来，わたしが体調を崩して教会の公務を休むことが一度もなかったのは，彼女の食事のおかげかもしれないと感謝しています．

主イエス・キリストの忍耐強い御導きと御支えがなければ務めることができなかったに違いない牧師・伝道者としての 47 年でした．この 4 月から新しいかたちで主と教会に仕えようとしていますが，これからもきっとまた同じ主がなすべきことを示してくださるに違いありません．

教会の苦戦がささやかれる今の時代です．しかし教会には，「きのうも今日も，また永遠に変わることのない」主イエス・キリストがおられます．そのお方が，戦う教会を力強く導いてくださいます．また主を信じるすべての方たちと共に歩んでくださり，祝福に満ちた生涯を全うさせてくださるでしょう．主なる神に栄光がありますように．

引っ越し準備のために雑然としている函館相生教会の牧師館にて．

2020 年 3 月

久野　牧

／JKに語る！＼

新約聖書の女性たち

発行日──二〇二〇年四月八日　第一版第一刷発行

定価──［本体一、六〇〇＋消費税］円

著者──久野　牧

発行者──西村勝佳

発行所──株式会社一麦出版社

　　　札幌市南区北ノ沢三丁目四─一〇　〒〇〇五─〇八三二

　　　郵便振替〇二七五〇─三─二七八〇九

　　　電話（〇一一）五七八─五八八八　FAX（〇一一）五七八─四八八八

　　　URL http://www.ichibaku.co.jp/

　　　携帯サイト http://mobile.ichibaku.co.jp/

印刷──株式会社アイワード

製本──石田製本株式会社

装釘──須田照生

イエス・キリストの系図の中の女性たち
──アドベント・クリスマスの説教　久野牧

系図の中にその名をもって登場する女性たちは、決してひとくくりにすることはできない。それぞれが固有の意味や理由があって、神の歴史の中で用いられている者たちである。私たちに与えられている役割は？

四六判変型　定価[本体1400＋税]円

講解説教　ガラテヤの信徒への手紙・フィレモンへの手紙
久野牧

教会の危機は、教会の内から生じてくることが多い。うすめられた福音や異なる福音によっては教会は立たない、とパウロは強く訴えている。信仰に生きる者たちの関係性と、信仰に生きることの自由と服従を説き明かす。

四六判　定価[本体3800＋税]円

講解説教　ヤコブの手紙
久野牧

「わらの書簡」とも呼ばれたヤコブの手紙が、時代に苦悩する教会とキリスト者に、今、鋭く問いかり、行き先をさし示す。これに心をひそめて聴きたい。自己吟味を辿られるとともに、力強い励ましを与えられる。

四六判　定価[本体3200＋税]円

あなたの怒りは正しいか
──ヨナ書講解説教　久野牧

「あなたは真に祈っていますか」と人々に問われるヨナ。それは、今日の世にある教会の姿でもある。〈内なるヨナ〉を抱えた私たちの生き方は？　いつも共にいてくださる慈しみと忍耐の神を見出す。

四六判変型　定価[本体1600＋税]円

神に栄光・地に平和
──クリスマス説教集　久野牧

神の御子イエス・キリストの誕生のとき。それは喜びの知らせを聞くことから始まる。神からの慰めの言葉は今も新しく響く。御子が人となってこの世界に宿られたことの意義を伝える説教。

四六判　定価[本体3200＋税]円

キリスト教信仰Q&A
久野牧

キリスト教信仰にまつわる疑問の数々……。そんなあなたの「素朴な疑問」に答えます！　求道者や信仰に入って間もない人たち、また信仰に関心をもち始めている人たちへのプレゼントに最適。

四六判　定価[本体1800＋税]円